Lane Galdino

MANUAL DE ASSESSORIA JURÍDICA EM INSTITUIÇÕES CONSCIENCIOCÊNTRICAS (ICs)

Foz do Iguaçu, Paraná, Brasil

EDITARES®

2020

MANUAL DE ASSESSORIA JURÍDICA EM INSTITUIÇÕES CONSCIENCIOCÊNTRICAS (ICs)

1ª. Edição – 2020

Elaboração
Lane Galdino

Capa, projeto gráfico e diagramação: Francieli Padilha.
Revisão: Liege Trentin, Liliane Sakakima e Meracilde Daroit.
Impressão: Midiograf.

Dados Internacionais de Catalogação na Publicação (CIP)

G149m	Galdino, Lane Manual de assessoria jurídica em instituições conscienciocêntricas (ICs). / Lane Galdino. - Foz do Iguaçu: Associação Internacional Editares, 2019. 160 p. Inclui bibliografia. ISBN 978-85-8477-148-6 1. Conscienciologia. 2. Conscienciocentrologia. 3. Assistência jurídica. I. Título. CDU 133

Tatiana Lopes CRB 9/1524

Associação Internacional Editares
Av. Felipe Wandscheer, 6.200, sala 107, Cognópolis
Foz do Iguaçu, PR – Brasil – CEP: 85856-750
Tel/Fax: +55 (45) 2102-1407
E-mail: editares@editares.org.br
Website: www.editares.org.br

AGRADECIMENTOS

O trabalho de assessoria jurídica nas instituições da Conscienciologia foi desenvolvido ao longo dos anos por diversos colegas da área jurídica, aos quais se fazem oportunos os devidos agradecimentos.

Primeiramente agradecemos aos juristas que desbravaram o caminho da Assessoria Jurídica nas Instituições Conscienciocêntricas (ICs), Adriana Rocha, Cristina Arakaki, Carolina Ellwanger, Domingos Impérico, Glória Matuchewski, Jayme Pereira, Jarbas Durso, Julio César Garcia, Jussara Hernandorena, Karla Ulman, Luimara Schimit, Roseméri Bernardi e Valéria Mikaluckis, facilitando a chegada dos demais para a continuação e aprimoramento dos trabalhos.

Agradeço a convivência fraterna e o empenho na assistência paradiplomática interconsciencial durante o período em que estive à frente da Coordenação do Conselho Jurídico da UNICIN com os colegas Adriana Rocha, Bernardo Farina, Cristina Arakaki, Carolina Ellwanger, Domingos Marini, Igor Moreno, Guilherme Montenegro, Guilherme Sousa, Gustavo Vieira, Jarbas Durso, Karina Barreto, Lúcio Paiva, Márcia Ramm, Marlene Roque, Neusa Caldas, Polyana Colucci, Rafael Seidel, Rubem Cunha e Vania Bogado.

É importante destacar o empenho de cada assessor jurídico durante o trabalho voluntário nas ICs ao longo dos anos, em pesquisar, compilar e elaborar protótipos de documentos, muitos dos quais serviram de fonte de consulta para esta obra, tendo sido atualizados e adaptados conforme a necessidade.

Faz-se necessário agradecer as valiosas contribuições dos primeiros leitores Polyana Colucci e Rubem Cunha, os apontamentos assertivos dos pareceristas Adriana Rocha, Carolina Ellwanger, Hugo Espínola, Izabel Conceição, Marcelo Silva, Marina Thomás e Sônia Ribeiro, assim como o apoio permanente da equipe editorial da Associação Internacional Editares.

Agradeço também aos amparadores pelas inspirações e aporte energético em todas as etapas de elaboração deste trabalho.

SUMÁRIO

LISTA DE MODELOS

LISTA DE QUADROS

LISTA DE ANEXOS

PREFÁCIO

Adriana de Lacerda Rocha[1]

Histórico. Desde 1997, nos primórdios do voluntariado na área jurídica no Instituto Internacional de Projeciologia e Conscienciologia (IIPC), venho acompanhando e participando do desenvolvimento da assessoria jurídica em Instituição Conscienciocêntrica (IC).

Desenvolvimento. No começo, não havia setor estruturado nessa área e o crescimento foi sendo feito gradualmente, com muita dedicação, pesquisa, viagens e troca de ideias entre os pioneiros, equipe à qual pude contribuir com a formação e, até hoje (Ano-base: 2019), me disponibilizo a trocar ideias além de cooperar com informações históricas, às 24 Instituições Conscienciocêntricas existentes.

Variedade. Foram inúmeros estatutos debatidos, organizados, visando consolidar legalmente os propósitos proexológicos de diversos grupos de voluntários da Conscienciologia, de modo que o documento legal refletisse as metas grupais através da adequação jurídica dos constructos e neoconstructos idealizados.

Experiência. A prática de mais de duas décadas nessa advocacia *pro bono* permite mencionar que o *CNPJ* fixa os "pés na rocha" de neoideias avançadas, da recuperação de cons magnos de cada equipe disposta a enfrentar o desafio de fomentar, a partir da inauguração de Instituição Conscienciológica, alguma das mais de 500 especialidades da neociência Conscienciologia.

Orientação. Recordo-me do prof. Waldo, propositor da Conscienciolo-

---

1 Pós-doutora e doutora em Direito pela UFSC - Universidade Federal de Santa Catarina, área de concentração Direito, Estado e Sociedade. Voluntária e professora da Conscienciologia desde 1997. Exerce advocacia *pro bono* às ICs desde 1997. Professora universitária com ênfase em Direito Público e áreas afins. Verbetógrafa da Enciclopédia da Conscienciologia. Tenepessista desde 2008. Autora de livros jurídicos e de artigos científicos na área jurídica e na Conscienciologia. Editora da Revista COSMOETHOS: Revista Científica de Cosmoeticologia. Atualmente é coordenadora de Comunicação e Eventos, de Educação e Pesquisa da COSMOETHOS onde também voluntaria.

gia, mencionar a essencialidade de um corpo jurídico, *pro bono,* sustentando os trabalhos da Conscieciologia.

Constituição. Como reforço ao trabalho de assessoria jurídica realizado pelas ICs, foi constituído o Conselho Internacional de Assessoria Jurídica da Conscienciologia (CIAJUC), criado em 2002 e idealizado como um dos primeiros Conselhos da Conscienciologia, pensado para ser um colegiado capaz de reunir advogados intermissivistas interessados em doar gratuitamente seu *know how* técnico assessorando juridicamente e parajuridicamente o desenvolvimento da Conscienciologia.

Observação. Durante o período em que tive oportunidade de presenciar o expediente do professor Waldo, testemunhei diversas vezes sua fala reforçando a importância de consultores e pareceristas na área jurídica calçando, profilática e preventivamente, o funcionamento das associações conscienciológicas, conscienciocêntricas (ICs) de modo que pudessem empreender solidamente os objetivos estatutários e paraestatutários.

Repetição. Em inúmeras ocasiões, o prof. Waldo repetiu sobre a importância da materialização do trabalho educacional e de pesquisa na oficialização em IC porque essa regularização demonstra maturidade, compromisso, seriedade e responsabilidade grupal, gerando interconfiança dos amparadores e desencadeando a formação de equipex técnica afinizada à equipin. Tal convergência multidimensional fortalece e acelera a atividade institucional.

Entrave. Muitas vezes, a ideia de certo grupo não avançava (e ainda não avança) por falta de clareza acerca de quais objetivos, valores e princípios estatutários desejavam concretizar.

Aceite. A "hora do estatuto" é o momento da assinatura do contrato e "paracontrato" com a multidimensionalidade, quando se assume o pacto multidimensional de levar "adiante" as ideias pensadas até então.

Valor. A relevância da legalização de uma instituição conscienciocêntrica sempre foi destacada pelo professor Waldo, que tanto incentivou a criação de ICs, pois dão respeitabilidade às ideias da Conscienciologia perante à socin.

Documento. O estatuto de uma IC é a "certidão de nascimento" representativa dos propósitos do grupo. Ele dá origem à pessoa jurídica, com os respectivos direitos e deveres, paradeveres e pararresponsabilidades. É através do estatuto que a ideia avançada finca raízes na intrafisicalidade.

Código. O estatuto é o primeiro código grupal de cosmoética, pois consubstancia os princípios e valores a serem seguidos pela IC. Além da força de acordo grupal, tem força legal.

Regra. O estatuto é a lei e paralei de qualquer IC. Trata-se da jurisprudência e parajurisprudência institucional, documento que auxilia no juízo legal, paralegal e cosmoético do grupo. É ele que estipula as diretrizes de funcionamento da equipe, além de indicar as soluções a possíveis conflitos ou dúvidas acerca do modo de proceder que possam surgir.

Indicação. A evitação da cultura do *jeitinho brasileiro evolutivo* (**Rocha**; Adriana; *in* **Vieira, W.;** *Enciclopédia da Conscienciologia;* Verbete: **Jeitinho Brasileiro Evolutivo;** *Associação Internacional Editares;* Foz do Iguaçu, PR; Brasil; 2019; p. 13.623 a 13.628) e do *negocinho evolutivo* (**Rocha**; Adriana; *in* **Vieira, W.;** *Enciclopédia da Conscienciologia;* Verbete: **Negocinho Evolutivo;** *Associação Internacional Editares;* Foz do Iguaçu, PR; Brasil; 2019; p. 15.558 a 15.562) em IC é viabilizada pelas cláusulas estatutárias que também corporificam os pontos de vista do funcionamento daquele grupo facultando ao voluntário afinizado enxergar melhor se determinada IC afiniza-se ao compromisso intermissivo pessoal e ao vínculo consciencial que deseja colocar em prática.

Acervo. Em muitas oportunidades, ouvi o professor Waldo repetir sobre a necessidade do *"kit"* jurídico para alicerçar o trabalho da IC, propiciando continuidade, coerência e permanência. Essa referência é primordial ao gestor de IC.

Concretização. Hoje, tenho o prazer de ver essa orientação do prof. Waldo se consolidando pela autora **Lane Galdino** com o presente Manual de Assessoria Jurídica em Instituições Conscienciocêntricas.

Pertinência. A atual gestação consciencial de **Lane Galdino** retrata indiscutível relevância ao trabalho institucional. Esse livro **sugere** o passo a passo da criação de IC, além de esclarecer acerca de quais documentos são necessários à sua existência. Norteia, igualmente, o caminho à aquisição de títulos governamentais (valorizados pelo prof. Waldo pois respaldam à socin a atividade da Conscienciologia **desde** que **jamais** comprometam a **independência da Ciência** e **das associações**).

Sugestão. Como todo Manual, espelha as boas práticas, no caso específico, jurídicas-conscienciológicas, aos moldes de **orientação.** Isso porque, sendo o Direito dinâmico, os pareceres e consultas dos jurisconsultos-conscienciólogos precisam atualizar-se face às mudanças legislativas, doutrinárias e jurisprudenciais buscando melhor adequar as bases da Ciência Conscienciologia propostas pelo prof. Waldo aos ordenamentos jurídicos em que estão inseridos.

Detalhamento. Após trabalho minucioso de compilação documental, a autora sintetiza nessa obra algumas das demandas jurídicas e parajurídicas que chegaram e ainda chegam às assessorias jurídicas das ICs, além do CIAJUC.

Aporte. O livro de **Lane Galdino** contribui, inegavelmente, com os gestores e voluntários, uma vez que resolve as primeiras demandas na área dessa assessoria.

Ineditismo. A obra de **Lane Galdino** é o primeiro trabalho da pesquisadora e professora, fruto da continuada dedicação ao vínculo consciencial com assunção das responsabilidades e pararresponsabilidades intermissivas na área. Espelha como a organização de documentos legais desassedia o fluxo de criação de IC.

Espelho. Esta publicação expõe, portanto, o *kit* jurídico tão almejado pelo professor Waldo.

Sistematização. Este trabalho foi organizado com extremo detalhismo por **Lane Galdino** e destaca a relevância dos documentos legais à consolidação das associações conscienciocêntricas.

Benefício. Tenho certeza que este compêndio auxiliará na construção de condutas associativas, além das profissionais, rumo ao aprimoramento e qualificação do trabalho jurídico e parajurídico, decorrente da inteligência evolutiva dos juristas e parajuristas.

Foz do Iguaçu, outubro de 2019.

INTRODUÇÃO

O Manual é fruto de 8 anos de voluntariado conscienciológico na área de Assessoria Jurídica, sendo 3 no Instituto Internacional de Projeciologia e Conscienciologia (IIPC) e 5 anos na Coordenação do Conselho Internacional de Assistência Jurídica da Conscienciologia (CIAJUC). Foi elaborado no intuito de ampliar o conhecimento sobre as atuações legais profiláticas desempenhadas pelas instituições da Conscienciologia.

Foi escrito de maneira objetiva visando facilitar a consulta e utilização por qualquer voluntário, independente de prévio conhecimento jurídico.

O leitor irá encontrar logo após a descrição do tema, o modelo do documento e o endereço eletrônico na internet para a pesquisa.

Os capítulos um a nove tratam da fundação e procedimentos rotineiros da associação. Apontam os caminhos a serem percorridos dentro dos principais órgãos estatais nos quais a Instituição necessita manter registro e abordam, também, as imunidades, contribuições e doações.

O capítulo dez fornece as orientações necessárias à constituição das unidades internacionais vinculadas às Instituições da Conscienciologia com Sede no Brasil.

Nos capítulos onze e doze, o leitor obterá as informações básicas sobre contratos e termos, com a explicação da utilização de cada modalidade e demonstração dos respectivos modelos.

Ciente das mudanças dinâmicas na legislação tributária do Brasil e, consequentemente, dos procedimentos da área contábil-fiscal, o usuário deste Manual deve periodicamente visitar os principais portais dos órgãos públicos mencionados nas referências bibliográficas, onde poderá obter a informação atualizada sobre os temas aqui expostos.

Desejo a todos bom proveito do Manual.

Lane Galdino
Autora

1. CARACTERIZAÇÃO DE INSTITUIÇÃO CONSCIENCIOCÊNTRICA (IC)

Instituição Conscienciocêntrica (IC) é a pessoa jurídica de direito privado, constituída na forma de associação civil sem finalidade econômica e lucrativa, de caráter científico, cultural, assistencial, multidimensional, universalista, não dogmática, político-apartidária e voltada para a pesquisa e educação da ciência Conscienciologia[1].

Cada Instituição tem objetivos específicos, contudo, todas elas devem explicitar em seus Estatutos as características gerais constantes do parágrafo acima, por serem atributos indissociáveis das associações conscienciocêntricas e com vínculo consciencial.

As ICs são associações independentes, cujo foco é a evolução consciencial, dessa forma não possuem distinção social, racial ou etária, sendo mantidas predominantemente pelo trabalho voluntário de profissionais de diversas áreas.

As áreas de pesquisa, docência e gestão desenvolvidas nas Instituições são no regime de voluntariado, regido pela Lei n° 9.608, de 18 de fevereiro de 1998[2], de natureza gratuita, não gerando vínculo empregatício, nem obrigação trabalhista, previdenciária ou afim. Não cabe, portanto, nenhuma remuneração pelos serviços prestados pelos voluntários, mesmo que dirigentes da IC.

---

1   Art. 1°, do Estatuto Social da União das Instituições Conscienciocêntricas Internacionais (UNICIN). Disponível em: http://unicin.org/pt/unicin/estatuto/; acesso em: 28.07.19.

2   Art. 1°, da Lei n° 9.608, de 18.02.1998: *"Considera-se serviço voluntário, para os fins desta Lei, a atividade não remunerada prestada por pessoa física a entidade pública de qualquer natureza ou a instituição privada de fins não lucrativos que tenha objetivos cívicos, culturais, educacionais, científicos, recreativos ou de assistência à pessoa. (Redação dada pela Lei nº 13.297, de 2016)*

    Parágrafo único. O serviço voluntário não gera vínculo empregatício, nem obrigação de natureza trabalhista previdenciária ou afim." Disponível em: http://www.planalto.gov.br/ccivil_03/leis/L9608.htm (acesso em: 29.04.19).

Com relação às atividades administrativas da IC, existe a possibilidade da contratação de pessoas com duplo vínculo[3], empregatício e consciencial[4], assim como a contratação para o vínculo exclusivamente empregatício, conforme abordado no Capítulo 5.4 - Previdência Social.

---

3   Duplo vínculo é a configuração do vínculo consciencial e empregatício, simultaneamente, na mesma IC.

4   O vínculo consciencial é a aplicação dos liames do voluntário, homem ou mulher, na vida humana, notadamente na família consanguínea, no círculo social de amizades e nos trabalhos da empresa humana ou da Instituição Conscienciocêntrica (IC), sem o vínculo empregatício convencional (Vieira, **Enciclopédia da Conscienciologia Eletrônica;** 2.498 verbetes; 11.034 páginas; 8ª Edição Digital; *Associação Internacional Editares;* 2013; p. 10.915).

2. ROTEIRO JURÍDICO PARA FUNDAÇÃO DE NOVA IC

São Instituições Conscienciocêntricas aquelas que se associam livremente e são reconhecidas pela União das Instituições Conscienciocêntricas Internacionais da Conscienciologia (UNICIN)[5] mantendo compromisso estatutário quanto aos procedimentos gerais inerentes às ICs, explanados a seguir, em conformidade com a regulamentação das associações, prevista no Novo Código Civil, Lei nº 10.406, de 10/01/2002[6].

Para o nascimento de nova IC (Ano-base 2018) são necessários determinados trâmites e documentos, cujas ações devem ser coordenadas junto ao Comitê de Conscienciocentrologia[7] da UNICIN.

2.1 Estatuto Social

O Estatuto Social é a carta reguladora dos procedimentos da associação e nasce junto com ela (Anexo 1). Nele estão previstas as regras de funcionamento e gestão da Instituição. O estatuto é necessário também para a IC se apresentar perante todos os órgãos públicos, com a finalidade de cumprir as obrigações legais, tanto as principais quanto as acessórias.

Segundo o Novo Código Civil, qualquer associação sem fins econômicos deve fazer constar em seu Estatuto o que segue:

---

5   A UNICIN representa a Comunidade Conscienciológica Cosmoética Internacional (CCCI), as Instituições Conscienciocêntricas (ICs), o Voluntariado Conscienciológico e o Paradigma Consciencial no planeta. Disponível em: http://unicin.org/pt/unicin/estatuto/ (acesso em: 28.07.19).

6   http://www.planalto.gov.br/ccivil_03/leis/2002/L10406.htm (acesso em: 16.10.17).

7   Comitê de Conscienciocentrologia da UNICIN assessora as ICs nas demandas relativas ao processo de gestão conscienciocêntrica, levando em conta as Diretrizes do Conselho de ICs, as bases da Parapolítica e a teática do Paradigma Consciencial.

Art. 54. Sob pena de nulidade, o estatuto das associações conterá:

I. a denominação, os fins e a sede da associação;

II. os requisitos para a admissão, demissão e exclusão dos associados;

III. os direitos e deveres dos associados;

IV. as fontes de recursos para sua manutenção;

V. o modo de constituição e de funcionamento dos órgãos deliberativos;

VI. as condições para a alteração das disposições estatutárias e para a dissolução.

VII. a forma de gestão administrativa e de aprovação das respectivas contas.

Os estatutos das instituições conscienciocêntricas contêm 8 cláusulas que são diretrizes fundamentais ao funcionamento de todas as ICs. Vale ressaltar que referidas cláusulas não são imutáveis, contudo são basilares do Paradigma Consciencial. Nenhuma é conflitante com as cláusulas dispostas no art. 54, supramencionado, tampouco com as inseridas pelos voluntários que assumirão a criação da neo IC, conforme segue:

1. As receitas são formadas pelos resultados financeiros provenientes de atividades educacionais, científicas e outras desenvolvidas pela instituição conforme seus objetivos sociais; pelas contribuições voluntárias dos associados e através das doações de pessoas físicas ou jurídicas afins aos materpensenes das ICs.

2. O patrimônio é constituído de bens móveis, imóveis, direitos, inclusive extrapatrimoniais, e valores, adquiridos pela IC ou recebidos por doações de pessoas físicas ou jurídicas, de direito público ou privado, nacionais ou estrangeiras, devendo ser administrado e utilizado apenas para cumprimento dos seus objetivos sociais.

3. Visando à manutenção da independência e autonomia das ICs, entende-se ser desaconselhável a celebração de parceria público-privada, assim como a recepção de qualquer tipo de doação ou subvenção que possa comprometer seus princípios perante os eventuais doadores ou subvencionadores.

4. Não deverá haver distribuição de quaisquer parcelas do patrimônio ou da renda da Instituição, a título extraordinário ou de participação no resultado, entre os associados, voluntários, empregados, doadores eventuais ou terceiros. Qualquer saldo positivo dos exercícios financeiros será revertido

em benefício da manutenção e ampliação das finalidades estatutárias e/ou do patrimônio da IC.

5. Os bens doados ou legados à IC passam a fazer parte do seu patrimônio e não serão devolvidos aos doadores ou sucessores, em nenhuma hipótese.

6. Na hipótese de dissolução ou extinção da IC, aprovada pelos voluntários em Assembleia Geral, convocada especialmente para este fim, proceder-se-á ao levantamento do seu patrimônio e, após liquidados os compromissos assumidos, o remanescente será destinado às pessoas jurídicas integrantes do Conselho das Instituições Conscienciocêntricas ligadas à UNICIN.

7. Todos os recursos da instituição serão aplicados integralmente no país, na manutenção dos próprios objetivos institucionais. Os assuntos relacionados às unidades internacionais da IC constam do item 10 deste Manual.

8. Os integrantes da IC, seja na condição de associado ou de voluntário, ao se vincularem à instituição, reconhecem que adotarão sempre os mecanismos de diálogo e solução de conflitos existentes nas instâncias mediadoras da Comunidade Conscienciológica Cosmoética Internacional (CCCI), em detrimento de soluções judiciais, mantendo-se assim coerentes com o vínculo consciencial e respeitando a livre associação[8].

2.1.1 Dentre as providências necessárias à instituição embrionária, a orientação geral é que se proceda à solicitação do modelo de estatuto social ao Conselho Internacional de Assessoria Jurídica da Conscienciologia (CIAJUC), ligado à UNICIN.

2.1.2 Após a elaboração do Estatuto, seguindo os objetivos específicos traçados com os voluntários fundadores, a pré-IC deverá providenciar a devolução da primeira versão para apreciação através do *email* conscienciocentrologia@unicin.org. Após análise, será marcada reunião para *feedback* e finalização do documento para debate e aprovação na assembleia de fundação.

---

8   Carta Aberta do Conselho de ICs à CCCI quanto à priorização da resolução consensual de conflitos no âmbito do voluntariado conscienciológico, divulgada em 11/03/2018.

2.2 Assembleia de Fundação da IC

Para a organização da assembleia de fundação, aberta à participação
de qualquer pessoa interessada, os voluntários deverão solicitar à UNICIN
o roteiro e os modelos de documentos necessários para a cerimônia, que são
os seguintes:
I. Cerimonial do evento.
II. Modelo de lista de presença.
III. Modelo de lista de presença específica para associados fundadores.
IV. Modelo de ficha de cadastro para os associados fundadores.
V. Modelo de Ata da assembleia constitutiva.
VI. Modelo dos *slides* para a IC apresentar seus objetivos, as funções
gestoras e partes essenciais do estatuto. Com relação a este último,
a íntegra do texto estará disponível em papel para a apreciação
e aprovação dos presentes à assembleia.

2.3 Registro de Estatuto e Atas

Após a assinatura da ata da assembleia geral de constituição, a Instituição estará devidamente fundada. Contudo, para obter personalidade jurídica
e passar a ser reconhecida como sujeito de direitos e deveres, terá que registrar
os documentos constitutivos da assembleia de fundação no Cartório de
Registro Civil da comarca da sede da entidade, segundo o previsto nos inciso
I, do artigo 114, da Lei n° 6.015, de 31/12/1973[9].

O registro precisa ser solicitado em requerimento preparado de acordo
com o padrão do cartório de Registro Civil (Modelo 01) e assinado pelo
representante legal da entidade, na forma do Estatuto. Necessita, ainda,
o acompanhamento dos seguintes documentos, que podem variar de acordo
com as exigências de cada cartório:

---

9   http://www.planalto.gov.br/ccivil_03/leis/L6015compilada.htm (acesso em: 16/10/17)

I. Três vias da ata da assembleia de constituição, devidamente assinada pelo coordenador e pelo secretário da assembleia, ambas com firma reconhecida em cartório.

II. Três vias do estatuto social aprovado, devidamente assinadas pelo coordenador da IC e por advogado inscrito na OAB, com respectivo número de inscrição (Lei nº 8.906/94)[10].

III. Três vias da convocação da assembleia.

IV. Três vias da lista de presença.

V. Pagamento de taxas do cartório.

---

10 http://www.planalto.gov.br/ccivil_03/leis/L8906.htm (acesso em: 16/10/17)

3. ASSEMBLEIA GERAL

As Instituições Conscienciocêntricas são constituídas sob a modalidade de associação civil, nos termos do art. 44, do Novo Código Civil, Lei nº 10.406, de 10/01/2002. A referida Lei determina que a assembleia geral é o órgão máximo decisório da associação de direito privado.

A assembleia geral constitui-se de todos os associados em pleno gozo de seus direitos estatutários. As assembleias podem ser ordinárias e extraordinárias dependendo do assunto a ser deliberado, conforme detalhado nos itens 3.1 e 3.2 a seguir, cuja convocação (Modelo 02), deverá ser feita através de qualquer meio de comunicação, inclusive eletrônico, e afixada na sede da Instituição. A convocação deverá ser divulgada com a antecedência mínima de 10 (dez) dias ou outro prazo previsto no próprio Estatuto da IC, para que todos os associados tenham a oportunidade de participar votando nos projetos e decisões a serem tomadas com relação à associação. As assembleias são públicas, havendo a possibilidade da participação de pessoas não associadas, exceção concedida às Instituições da Conscienciologia, com a finalidade de estimular a participação do maior número de voluntários de qualquer IC nas atividades da CCCI, contudo somente os associados terão direito a voz e voto, conforme previsão estatutária.

A assembleia geral possui as seguintes competências obrigatórias, previstas no art. 59 do Código Civil, com nova redação dada pela Lei nº 11.127, de 28/06/2005[11]:

I.   Destituição dos administradores.

II. Alteração do estatuto.

Apesar de haver obrigatoriedade legal somente para os dois itens acima mencionados, as associações continuam dando competência à assembleia geral para tomar distintas decisões, como segue:

---

11 Art. 59. Compete privativamente à assembleia geral:
   I. destituir os administradores;
   II. alterar o estatuto.

1. Eleger e/ou destituir o Presidente da assembleia dentre os presentes à reunião, sendo pessoa que não exerça cargo ou função de coordenação na própria Instituição, em outras instituições conscienciocêntricas ou em pessoa jurídica associada, para a condução da referida assembleia pelo prazo pré-estabelecido no Estatuto Social.

2. Eleger e/ou destituir os administradores.

3. Deliberar sobre a fusão, incorporação ou extinção da associação.

4. Deliberar sobre a destinação do patrimônio da Instituição em caso de extinção.

5. Admitir associados e deliberar sobre a extinção da qualidade de associado.

6. Deliberar sobre os casos omissos e não previstos no estatuto.

3.1 Da Assembleia Geral Ordinária

A assembleia geral ordinária será realizada uma vez ao ano, preferencialmente no primeiro quadrimestre, devido à obrigação acessória de apresentação da Declaração de Informações Econômico-Fiscais da Pessoa Jurídica (DIPJ), e terá a seguinte finalidade:

I. Aprovar a proposta de planejamento e orçamento anual da Instituição.

II. Discutir e homologar as contas e o balanço aprovados pelo Conselho Fiscal da IC, referente ao exercício passado.

A assembleia será convocada pelo Coordenador Geral da Instituição, por 1/5 dos associados (art. 5°, do CC) ou outra forma prevista no Estatuto, podendo ser instalada em primeira convocação com maioria simples dos associados e, em segunda convocação, com qualquer número e terá a seguinte finalidade:

I. Aprovar a proposta de planejamento e orçamento anual da Instituição.

II. Discutir e homologar as contas e o balanço aprovados pelo Conselho Fiscal da IC, referente ao exercício passado.

3.2 Da Assembleia Geral Extraordinária

A assembleia geral extraordinária poderá deliberar sobre qualquer assunto da Instituição, exceto os de competência privativa da assembleia ordinária, mencionada no item 3.1 supramencionado e reunir-se-á sempre que convocada por qualquer das 3 (três) instâncias a seguir:

I. Coordenação Geral.

II. Conselho Fiscal.

III. 1/5 (um quinto) dos associados regulares com as obrigações sociais.

A alteração Estatutária prevista no parágrafo único, do inciso II, do art. 59 do Código Civil, com nova redação dada pela Lei n° 11.127, de 28/06/2005, será efetivada através de assembleia geral especialmente convocada para esse fim, cujo quorum será o estabelecido no estatuto. O registro da alteração estatutária segue o mesmo trâmite do item 2.3 - Registro de Estatuto e Atas, retromencionado.

Importante ressaltar que uma vez elaborado e aprovado o Estatuto da Instituição, toda e qualquer alteração nos seus dispositivos será devidamente explicitada na Convocação, não sendo permitida a alteração do inteiro teor do Estatuto.

Modelo 01: Requerimento para Registro em Cartório

Ilmo. Sr. Oficial de Registro Civil das Pessoas Jurídicas da cidade de _________________ Estado do _________________

Registro nº (Quando já houver registro no Cartório)

NOME DA IC_____________, com sede e foro na cidade_____________, Estado_____________, vem, por meio de seu representante legal, nome do representante, Cargo na Instituição, solicitar o Registro de Ata de Assembleia Geral (Ordinária ou Extraordinária) realizada no dia, mês e ano, conforme documentos anexos.

Cidade, dia, mês e ano.

Nome do Representante Legal
Cargo

Fonte: *Manual do Terceiro Setor*, Instituto *pro bono*, p. 31, adaptado pela autora.

CONVOCAÇÃO

ASSEMBLEIA GERAL (ORDINÁRIA OU EXTRAORDINÁRIA)

Nos termos dos artigos _____, _____ e _____ do Estatuto Social, pela presente convocação convidamos todos os associados da (NOME DA IC) _______, com sede e foro na cidade de _______, Estado do _______, a participarem da **Assembleia Geral (Ordinária ou Extraordinária)**, a realizar-se no dia, mês e ano, no local (endereço completo).
A Assembleia instalar-se-á em primeira convocação às 00h00min (por extenso) e em segunda convocação às 00h00min (por extenso), para apreciação da seguinte pauta:

1. Assunto 1.
2. Assunto 2.
3. Assuntos Gerais.

Local, dia, mês e ano.

Nome do representante legal
Cargo

Fonte: *Manual do Terceiro Setor*, Instituto *pro bono*; p. 31, adaptado pela autora.

Webgrafia específica:

1. **Brasil;** *Lei n° 6.015, de 31/12/1973;* Lei dos Registros Civis; disponível em: <http://www.planalto.gov.br/ccivil_03/leis/L6015compilada.htm>; acesso em: 16.10.17.

2. **Brasil;** *Lei n° 8.906/94, de 04/07/1994;* Dispõe sobre o Estatuto da Advocacia e a Ordem dos Advogados do Brasil (OAB); disponível em: <http://www.planalto.gov.br/ccivil_03/leis/L8906.htm>; acesso em: 16.10.17.

3. **Brasil;** *Lei n° 10.406, de 10/01/2002;* Novo Código Civil; disponível em: <http://www.planalto.gov.br/ccivil_03/leis/2002/l10406.htm>; acesso em: 20.07.17.

4. **Brasil;** *Lei n° 11.127, de 28/06/2005;* Altera os arts. 54, 57, 59, 60 e 2.031 da Lei no 10.406, de 10 de janeiro de 2002, que institui o Código Civil, e o art. 192 da Lei n° **11.101, de 9 de fevereiro de 2005, e dá outras providências;** disponível em: <http://www.planalto.gov.br/ccivil_03/_ato2004-2006/2005/lei/L11127.htm>; acesso em: 16.10.17.

4. CONTABILIDADE DA INSTITUIÇÃO

Toda Pessoa Jurídica possui obrigações contábeis e fiscais, ainda que seja associação sem objetivo de lucro. Por essa razão, faz-se necessária a contratação de profissional ou escritório especializado. A importância advém de o conhecimento técnico do profissional proporcionar a segurança que a Instituição necessita para desempenhar as atividades estatutárias com a convicção de estar seguindo as normas legais e fazendo a profilaxia de surpresas desestabilizadoras da prestação dos serviços assistenciais propostos.

Recomenda-se para a prestação de serviços, os profissionais contadores especialistas do terceiro setor, por estarem atualizados quanto à legislação aplicada ao seguimento.

A prestação do serviço contábil especializado não exime a Instituição da formação de equipe de voluntários da área financeira para fazer o acompanhamento do cumprimento de todas as obrigações legais por parte do escritório contratado. A precaução se deve, principalmente, à titularidade da obrigação da associação e à possibilidade de penalizações pelo descumprimento das normas.

É indicado o acompanhamento por parte do Financeiro da IC, em especial, no que se refere às 4 obrigações descritas a seguir:

I. Fechamento mensal das contas para envio ao escritório de contabilidade.

II. Verificação da apresentação das obrigações principais (pagamento de impostos) e acessórias (apresentação de declarações obrigatórias junto aos órgãos públicos).

III. Fechamento anual dos Balanços Financeiro e Social da Instituição[12].

IV. Apresentação dos Balanços supramencionados ao Conselho Fiscal da IC, para emissão de Parecer.

---

12 Balanço Social é o conjunto de informações demonstrativas das atividades da entidade privada com a sociedade a que ela está diretamente relacionada, com objetivo de divulgar a gestão econômico-social e o relacionamento com a comunidade, apresentando o resultado de sua responsabilidade social (NBCT 15, DOU de 06.09.2004).

Bibliografia específica:

1. **Moreira;** Rafael; *Contabilidade das Entidades sem Fins Lucrativos; Universidade Federal do Espírito Santo; Secretaria de Ensino a Distância;* Vitória, ES; 2014.

Webgrafia específica:

1. **CFC;** Conselho Federal de Contabilidade; *Norma Brasileira de Contabilidade NBCTSPEC/2016;* disponível em: <http://www2.cfc.org.br/sisweb/sre/detalhes_sre.aspx?Codigo=2016/NBCTSPEC&arquivo=NBCTSPEC.doc>; acesso em: 06.06.18.
2. **CFC;** Conselho Federal de Contabilidade; *Norma Brasileira de Contabilidade NBC T 15;* disponível em: <http://www.portaldecontabilidade.com.br/nbc/res1003.htm>; acesso em: 01.05.19.
3. **CFC;** Conselho Federal de Contabilidade; *Resolução CFC nº. 1.328/11;* disponível em: <http://www2.cfc.org.br/sisweb/sre/detalhes_sre.aspx?Codigo=2011/001328&arquivo=RES_1328.doc>; acesso em: 06.06.18.

5. INSCRIÇÕES E OBRIGAÇÕES JUNTO AOS ÓRGÃOS PÚBLICOS

Para a realização de determinados atos por parte da IC, tais como celebração de contratos, abertura de conta bancária, prestação de serviços, dentre outros, há a necessidade de inscrição em vários órgãos públicos, sejam da esfera Federal, Estadual ou Municipal, de acordo com os objetivos assumidos no Estatuto Social.

Com o intuito de demonstrar os caminhos a serem percorridos pelas associações para procederem à regularização fiscal, dispõe-se, a seguir, os órgãos estatais passíveis de obtenção de inscrição, com respectivas instruções para fazê-lo.

5.1 Receita Federal do Brasil

A Receita Federal é o órgão público no qual a nova Instituição irá obter o registro e número de inscrição no Cadastro Nacional da Pessoa Jurídica (CNPJ). Referido registro é necessário para apresentação nos demais órgãos e na celebração de qualquer contrato por parte da IC (Modelo 03).

5.1.1 O pedido de inscrição no CNPJ deverá ser realizado no *site* da Secretaria da Receita Federal (http://idg.receita.fazenda.gov.br/) por meio do aplicativo *online* Coletor Nacional e são necessários os seguintes documentos:

    I. Ficha Cadastral da Pessoa Jurídica (FCPJ) gerada em meio magnético por intermédio do programa CNPJ (Modelo 04).

    II. Original do Documento Básico de Entrada (DBE), disponibilizado no *site*, após envio da FCPJ assinada pela pessoa física responsável perante o CNPJ (Modelo 05). A assinatura no DBE requer firma reconhecida em cartório.

III. Cópia autenticada do documento de identificação do signatário.

IV. Cópia autenticada da ata de constituição e do estatuto da associação devidamente registrados no órgão competente (vide item 2.3. Registro de Estatuto e Atas).

5.1.2 Os documentos deverão ser encaminhados na modalidade <u>CNPJ expresso dos Correios</u> ao endereço da unidade de jurisdição cadastradora do contribuinte. Este endereço será informado logo após o envio da FCPJ pela internet, por meio de consulta à opção "Consulta da Situação do Pedido de CNPJ enviado pela Internet" no *site* da Receita Federal.

5.1.3 Outro procedimento junto à Receita Federal é a entrega anual da Declaração de Informações Econômico-Fiscais da Pessoa Jurídica (DIPJ) após fechamento do balanço, com aprovação prévia do Conselho Fiscal da Instituição, cujas instruções estão contidas no endereço da *web:* http://idg. receita.fazenda.gov.br/orientacao/tributaria/declaracoes-e-demonstrativos/ dipj-declaracao-de-informacoes-economico-fiscais-da-pj.

Modelo 03: Ficha Cadastral da Pessoa Jurídica (FCPJ)

REPÚBLICA FEDERATIVA DO BRASIL
CADASTRO NACIONAL DA PESSOA JURÍDICA (CNPJ)

PROTOCOLO DE TRANSMISSÃO DA FCPJ

CÓDIGO DE ACESSO

01. IDENTIFICAÇÃO

NOME EMPRESARIAL (firma ou denominação) | Nº DE INSCRIÇÃO NO CNPJ

02. MOTIVO DO PREENCHIMENTO

RELAÇÃO DOS EVENTOS SOLICITADOS - DATA DO EVENTO

03. IDENTIFICAÇÃO DO REPRESENTANTE DA PESSOA JURÍDICA

NOME | CPF

LOCAL | DATA

04. CÓDIGO DE CONTROLE DO CERTIFICADO DIGITAL

Modelo aprovado pela Instrução Normativa RFB nº 748, de 28 de junho de 2007

Fonte: *Site* da Receita Federal.

Modelo 04: Documento Básico de Entrada do CNPJ

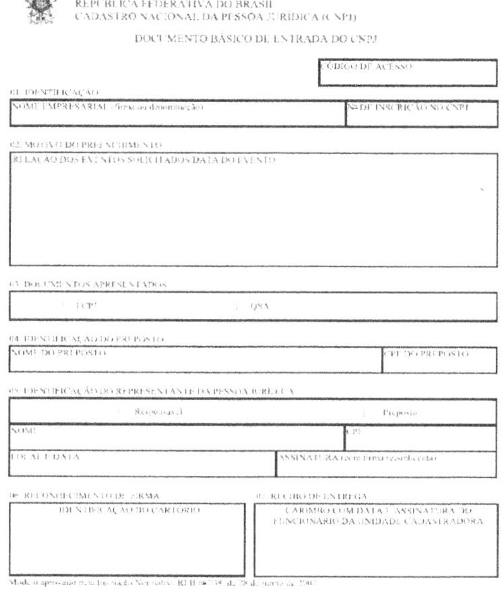

Fonte: *Site* da Receita Federal.

Modelo 05: Cadastro Nacional da Pessoa Jurídica (CNPJ)

Fonte: *Site* da Receita Federal.

Webgrafia específica:

1. **Receita Federal;** CNPJ; disponível em: <http://receita.economia.gov.br/orientacao/tributaria/cadastros/cadastro-nacional-de-pessoas-juridicas-cnpj>; acesso em: 29.04.19.

2. **Receita Federal;** Coleta *web;* disponível em: <http://www.redesim.gov.br/>; acesso em: 29.04.19.

5.2 Prefeitura Municipal

A inscrição na Prefeitura do Município sede da Instituição[13] tem a finalidade de obtenção do Alvará de funcionamento e do Cadastro Municipal de Contribuintes (CMC) para o exercício da atividade de prestador de serviços, conforme inscrição no cadastro de Classificação Nacional de Atividades Econômicas (CNAE) da Receita Federal do Brasil. Após a obtenção da inscrição, a IC deve efetuar regularmente o recolhimento dos tributos municipais enquanto não obtiver o reconhecimento da imunidade perante quaisquer impostos municipais, quer seja o Imposto Territorial Urbano (IPTU), o Imposto sobre Serviços de Qualquer Natureza (ISSQN) ou Imposto de Transmissão de Bens Imobiliários *Inter-vivos* (ITBI). A declaração de imunidade poderá ser concedida pelo Município caso reconheça a relevância do exercício das atividades realizadas pela Instituição sem fins lucrativos para a municipalidade, conforme abordado no item 6 - Imunidade Tributárias.

5.2.1 Alvará de Funcionamento

O Alvará de Funcionamento é o documento expedido pela Prefeitura do Município de instalação da associação que garante a autorização para o exercício da atividade no local específico e, somente após a liberação desse documento, a entidade estará legalmente apta a funcionar (Modelo 06).

É importante ressaltar sobre os cuidados necessários a serem tomados por ocasião da locação do imóvel, no que diz respeito às referências do proprietário e a posse dos documentos para licenciamento junto à Prefeitura, tais como: planta do imóvel; certidão de uso do solo atestando o exercício da atividade no local; quitação do IPTU; alvará do corpo de bombeiros e certidão de quitação de débitos em geral.

5.2.2 Cadastro Municipal de Contribuintes

O Cadastro Municipal de Contribuintes (CMC) é o registro das pessoas físicas e jurídicas que exercem atividades nos Municípios, inclusive as entidades que gozem de isenção ou imunidade, sujeitas ao pagamento dos Tributos Municipais.

---

13 *Vide* Quadro 1 - *Site* das Prefeituras dos locais de realização de atividades da Conscienciologia no Brasil

5.2.2.1 O pedido de inscrição no CMC deverá ser realizado pelo *site* da Prefeitura Municipal, sendo necessário apresentar a Guia de IPTU do imóvel para consulta prévia à Lei de Uso e Ocupação do Solo, a fim de tomar conhecimento da viabilidade do exercício da atividade no local desejado.

5.2.2.2 O resultado da consulta prévia poderá ser negativo, obrigando a entidade a reiniciar o processo, corrigindo todos os procedimentos visando o resultado positivo. Caso o resultado da consulta prévia seja positivo, a Instituição deve continuar o processo, protocolando o requerimento de Alvará de Localização e Termo de Responsabilidade na Gerência de Licenciamento de Atividades Econômicas (GELAE), devidamente assinado e com firma reconhecida, acompanhado dos 5 documentos abaixo listados:

I. Cópia do Estatuto Social e Alterações.

II. Consulta prévia favorável à instalação da atividade econômica da Pessoa Jurídica no local desejado para o funcionamento da mesma.

III. Cópia do cartão do CNPJ atualizado.

IV. Cópia e original da guia de IPTU do imóvel, referente ao ano vigente.

V. Cópia da Guia de Arrecadação Municipal referente à emissão de Alvará de Localização e Funcionamento, devidamente quitada.

5.2.2.3 O contribuinte deverá preencher os dados cadastrais, gerar o arquivo digital, imprimir o recibo de entrega e submetê-los juntamente com a documentação exigida, nos locais determinados pela Prefeitura.

5.2.2.4 De posse do recibo de entrega, o requerente poderá acompanhar o andamento do processo pelo *site* da Prefeitura **à qual pertença** a Instituição (vide Quadro 1).

5.2.2.5 Após a liberação do Alvará de localização, o contribuinte será automaticamente inscrito no CMC e receberá a Ficha de Inscrição Cadastral (FIC) pelos correios.

5.2.2.6 A prefeitura exige, para funcionamento da associação, a competente inspeção e vistoria técnica, bem como o respectivo Alvará de Licença do Corpo de Bombeiros. O interessado deverá entrar em contato com o Corpo de Bombeiros, no setor Centro de Atividades Técnicas (CAT), informar a metragem de área construída e efetuar o pagamento das taxas exigidas.

5.2.3 Imposto Territorial Urbano (IPTU)

O IPTU é o tributo que incide sobre a propriedade imobiliária, incluindo todos os tipos de imóveis, sejam residenciais, comerciais, industriais, terrenos e chácaras de recreio.

As Instituições Conscienciocêntricas poderão ser dispensadas do referido pagamento, desde que requeiram a <u>Declaração de reconhecimento de imunidade constitucional</u>, restando comprovado o enquadramento nas exigências previstas no art. 14, da Lei n° 5.172, de 25 de outubro de 1966, que trata dos requisitos mínimos a serem cumpridos pelas entidades sem finalidades lucrativas.

5.2.4 Imposto sobre Serviços de Qualquer Natureza (ISSQN)

O Imposto Sobre Serviços de Qualquer Natureza, de competência Municipal, incide sobre a prestação dos serviços de qualquer natureza e possui como base de cálculo o preço do serviço sem qualquer dedução, salvo as previamente concedidas por Lei.

5.2.4.1 As alíquotas do ISSQN variam de 2% (dois por cento) a 5% (cinco por cento) dependendo do tipo de serviço prestado.

5.2.4.2 A apuração do ISSQN é mensal, considerando-se como competência o mês da prestação do serviço e deve ser recolhido aos cofres do Município no dia 10 do mês seguinte ao de competência (Ano-base 2018). As guias para pagamento poderão ser emitidas pela internet (vide Quadro 1) e pagas diretamente na rede bancária credenciada.

5.2.4.3 A escrituração eletrônica mensal do Livro Fiscal ou Declaração Mensal é obrigação acessória da Instituição e registra, por competência, a movimentação fiscal referente aos serviços prestados e tomados de terceiros, possibilitando apurar o valor do imposto para a emissão do documento de arrecadação (guia de pagamento) referente à escrituração efetuada.

5.2.5 Imposto de Transmissão de Bens Imobiliários *Inter-vivos* (ITBI)

O ITBI é o imposto sobre transmissão *inter-vivos* por ato oneroso de bens imóveis ou direitos reais a eles relativos, de competência Municipal, previsto no art. 156, II, da CF/88.

5.2.5.1 O contribuinte do imposto é qualquer das partes na operação tributada, como dispuser a lei.

5.2.5.2 A base de cálculo do ITBI é o valor dos bens ou direitos transmitidos, calculada sobre o preço de mercado do bem imóvel, inclusive benfeitoria, avaliada pela Administração Tributária no mês de pagamento.

5.2.5.3 A alíquota do ITBI na grande maioria dos municípios é de 2% (dois por cento) sobre o valor do imóvel, contudo recomenda-se ficar atento na hora do pagamento, pois pode haver variação dependendo do município em que o imóvel esteja instalado.

5.2.5.4 O recolhimento do imposto ao Município é feito pelo adquirente do bem ou direito, podendo ser efetuado também pelo transmitente, como responsável. No caso especial de permuta (troca de imóveis) o ITBI passa a incidir sobre o valor de cada um dos bens permutados.

5.2.5.5 O ITBI *inter vivos* será recolhido ao erário mediante guia preenchida pela repartição fazendária, devendo ser apresentada por ocasião da lavratura do instrumento público de transmissão de propriedade ou direitos reais.

5.2.5.6 A guia de recolhimento do imposto somente será liberada ao contribuinte quando os demais débitos relativos ao imóvel estiverem devidamente quitados.

5.2.5.7 As certidões de débitos relativos ao imóvel poderão ser obtidas juntamente com o ITBI quando a solicitação for formalizada via *site* eletrônico do Município, no menu certidões, mediante a inserção do número de inscrição municipal.

5.2.5.8 Nos casos de isenção ou imunidade, serão expedidas guias com todas as especificações e com a citação do dispositivo legal que as ampare.

Quadro 1

SITE DAS PREFEITURAS ONDE SÃO REALIZADAS ATIVIDADES DA CONSCIENCIOLOGIA NO BRASIL (ANO-BASE: 2019)

ESTADO	MUNICÍPIO	*SITE*
AMAZONAS	MANAUS	http://www.manaus.am.gov.br/
BAHIA	SALVADOR	http://www.salvador.ba.gov.br
CEARÁ	FORTALEZA	http://www.fortaleza.ce.gov.br
DISTRITO FEDERAL	BRASÍLIA	http://www.brasilia.df.gov.br
ESPÍRITO SANTO	DOMINGOS MARTINS	http://www.domingosmartins.es.gov.br
	VITÓRIA	http://www.vitoria.es.gov.br
MARANHÃO	SÃO LUÍS	http://www.saoluis.ma.gov.br
MATO GROSSO	CUIABÁ	http://www.cuiaba.mt.gov.br
MATO GROSSO DO SUL	CAMPO GRANDE	http://www.pmcg.ms.gov.br
MINAS GERAIS	BELO HORIZONTE	https://prefeitura.pbh.gov.br/
	UBERABA	http://www.uberaba.mg.gov.br
	UBERLÂNDIA	http://www.uberlandia.mg.gov.br/2014
PARÁ	BELÉM	http://www.belem.pa.gov.br
PARAÍBA	JOÃO PESSOA	http://www.joaopessoa.pb.gov.br
PARANÁ	CURITIBA	http://www.curitiba.pr.gov.br
	FOZ DO IGUAÇU	http://www.pmfi.pr.gov.br
	LONDRINA	http://www.londrina.pr.gov.br
	MARINGÁ	http://www2.maringa.pr.gov.br/site/
	PAULA FREITAS	http://paulafreitas.pr.gov.br/site/
	SÃO MATEUS DO SUL	http://www.saomateusdosul.pr.gov.br/

PERNAMBUCO	RECIFE	http://www2.recife.pe.gov.br
RIO DE JANEIRO	RIO DE JANEIRO	http://www.rio.rj.gov.br
	SAQUAREMA	https://www.saquarema.rj.gov.br
RIO GRANDE DO NORTE	NATAL	https://natal.rn.gov.br
RIO GRANDE DO SUL	CAXIAS DO SUL	https://www.caxias.rs.gov.br
	PORTO ALEGRE	http://www2.portoalegre.rs.gov.br/portal_pmpa_novo
	SANTA MARIA	http://www.santamaria.rs.gov.br
RONDÔNIA	PORTO VELHO	http://www.portovelho.ro.gov.br
RORAIMA	BOA VISTA	http://www.boavista.rr.gov.br
SANTA CATARINA	BLUMENAU	https://www.blumenau.sc.gov.br/
	FLORIANÓPOLIS	http://www.pmf.sc.gov.br
	SÃO MIGUEL DO OESTE	http://www.saomiguel.sc.gov.br
	TUBARÃO	http://www.tubarao.sc.gov.br
SÃO PAULO	JUNDIAÍ	https://www.jundiai.sp.gov.br
	RIBEIRÃO PRETO	https://www.ribeiraopreto.sp.gov.br
	S.J. DO RIO PRETO	www.riopreto.sp.gov.br
	SÃO PAULO	www.capital.sp.gov.br

Modelo 06: Alvará de Funcionamento

PREFEITURA MUNICIPAL DE__________ SECRETARIA MUNICIPAL DE FINANÇAS DEPARTAMENTO DE RENDAS MOBILIÁRIAS
CONSULTA DE DADOS CADASTRAIS
NOME EMPRESARIAL/NOME DA PESSOA: Nome da Associação
TIPO INSTALAÇÃO:
INSCRIÇÃO MUNICIPAL: CNPJ/CPF:
00 00 0000000-0 00.000.000/0001-00
ENDEREÇO: N° 0000
UNIDADE: ANDAR: COMPLEMENTO: BAIRRO: CEP:
INÍCIO DA ATIVIDADE: 00/00/000 SITUAÇÃO DO CADASTRO: ATIVA
NÚMERO DO ALVARÁ: 000.000.000 DATA EMISSÃO: 00/00/000
DATA EXPIRAÇÃO:
ATIVIDADE PRINCIPAL
S.94.3.0-8/00.00 Atividades de associações de defesa de direitos sociais
ATIVIDADES SECUNDÁRIAS
S.94.9.9-5/00.00 Atividades associativas não especificadas anteriormente
P.85.5.0-3/02.00 Atividades de apoio à educação
S.94.9.3-6/00.00 Atividades de organizações associativas ligadas à cultura e à arte
G.46.4.7-8/02.00 Comércio atacadista de livros, jornais e outras publicações
G.47.6.1-0/01.00 Comércio varejista de livros
J.58.1.1-5/00.00 Edição de livros
J.58.2.1-2/00.00 Edição integrada à impressão de livros
M.74.9.0-1/99.00 Outras atividades profissionais, científicas e técnicas não especificadas anteriormente
M.72.2.0-7/00.00 Pesquisa e desenvolvimento experimental em ciências sociais e humanas
N.82.3.0-0/01.00 Serviços de organização de feiras, congressos, exposições e festas
P.85.9.9-6/99.00 Outras atividades de ensino não especificadas anteriormente
PREFEITURA MUNICIPAL DE __________ SECRETARIA MUNICIPAL DE FINANÇAS

Fonte: *Site* Prefeitura de Foz do Iguaçu, 2019.

<h1 align="center">Bibliografia específica:</h1>

1. **Brasil;** *Código Tributário Nacional (CTN); **Lei n° 5.172, de 25.10.1966, arts. 35 a 42.***

2. **Brasil;** *Constituição Federal; 1988; **Art. 156, II.***

5.3 Secretaria de Estado da Fazenda

O Imposto sobre as Operações Relativas à Circulação de Mercadorias e sobre Prestações de Serviços de Transporte Interestadual e Intermunicipal e de Comunicação (ICMS)[14] é o tributo cobrado pela comercialização de mercadorias e prestação de serviços, cujos recursos arrecadados são utilizados pelo Governo para realizar as obras de interesse social e manter os sistemas de educação, saúde, segurança pública, entre outros.

5.3.1 É contribuinte do ICMS qualquer pessoa, física ou jurídica, que realiza com frequência ou em quantidade que caracterize atividade comercial, operação (venda, transporte, transferência) de circulação de mercadorias ou prestação de serviços de transporte intermunicipal ou interestadual e de comunicações.

5.3.2 As alíquotas variam entre 17% (dezessete por cento) e 18% (dezoito por cento) dependendo do Estado da Federação onde sejam comercializados os produtos.

5.3.3 As ICs deverão proceder à inscrição junto ao ICMS quando houver a necessidade da realização de venda de livros[15] e outros tipos de publicação da Conscienciologia, em que fique explícita a atividade comercial ou ainda quando receber doações regularmente, estando essas passíveis de recolhimento do ITCMD *Causa Mortis* e Doações (vide inciso V do item 7.2).

5.3.4 O pedido de inscrição no cadastro do ICMS deverá ser realizado pelo *site* da Secretaria Estadual de Fazenda, sendo necessários os seguintes documentos:

    I. Estatuto Social e última alteração, devidamente arquivado no registro civil de pessoa jurídica.

    II. Ata de assembleia de constituição.

---

14 *Vide* Quadro 2 - *Site* das Secretarias de Fazenda Estaduais onde são realizadas atividades da Conscienciologia no Brasil

15 Para requerer a imunidade relacionada a venda de livros, vide capítulo 6 – Imunidade Tributária

III. Original do cartão de inscrição do cadastro nacional de pessoa jurídica (CNPJ).

IV. Original ou cópia autenticada do CPF e RG dos responsáveis principais pela IC.

V. Comprovação do domicílio tributário da empresa, mediante a apresentação da cópia da escritura do imóvel ou contrato de locação autenticado em nome da pessoa jurídica.

VI. Comprovante de endereço do Coordenador da IC e contador.

5.3.5 A apuração do ICMS é mensal, considerando-se como competência o mês da comercialização dos produtos e deve ser recolhido aos cofres do Estado até o dia 15 do mês seguinte ao de competência (Ano-base: 2018). As guias para pagamento poderão ser emitidas pela internet e pagas diretamente na rede bancária credenciada.

5.3.6 Há a obrigação acessória da Instituição em apresentar mensalmente a Guia de Informação e Apuração do ICMS (GIA), com a declaração da movimentação fiscal referente à comercialização dos produtos, possibilitando a apuração do valor do imposto devido e respectiva emissão da guia de pagamento.

Quadro 2

**SITE DAS SECRETARIAS DE FAZENDA ESTADUAIS ONDE SÃO
REALIZADAS ATIVIDADES DA CONSCIENCIOLOGIA NO BRASIL
(ANO-BASE: 2019)**

ESTADO	MUNICÍPIO	SITE
AMAZONAS	MANAUS	http://www.sefaz.am.gov.br/
BAHIA	SALVADOR	http://www.sefaz.salvador.ba.gov.br/
CEARÁ	FORTALEZA	http://www.sefaz.ce.gov.br/
DISTRITO FEDERAL	BRASÍLIA	http://www.fazenda.df.gov.br/
ESPÍRITO SANTO	DOMINGOS MARTINS	http://internet.sefaz.es.gov.br/institucional/ares_circunscricao.php
	VITÓRIA	http://www.sefaz.es.gov.br/
MARANHÃO	SÃO LUÍS	http://www.semfaz.saoluis.ma.gov.br/
MATO GROSSO	CUIABÁ	http://www.sefaz.mt.gov.br/
MATO GROSSO DO SUL	CAMPO GRANDE	http://www.sefaz.ms.gov.br/
MINAS GERAIS	BELO HORIZONTE	http://www.fazenda.mg.gov.br/
	UBERABA	http://www.fazenda.mg.gov.br/secretaria/enderecos/delegacias.html
	UBERLÂNDIA	http://www.fazenda.mg.gov.br/secretaria/enderecos/srf.html
PARÁ	BELÉM	http://www.sefaz.pa.gov.br/
PARAÍBA	JOÃO PESSOA	https://www.receita.pb.gov.br/ser/
PARANÁ	CURITIBA	http://www.fazenda.pr.gov.br/
	FOZ DO IGUAÇU	
	LONDRINA	
PERNAMBUCO	RECIFE	http://www.sefaz.pe.gov.br/
RIO GRANDE DO NORTE	NATAL	http://www.set.rn.gov.br/

RIO GRANDE DO SUL	CAXIAS DO SUL	https://www.sefaz.rs.gov.br/
	PORTO ALEGRE	
	SANTA MARIA	
RIO DE JANEIRO	RIO DE JANEIRO	https://www.fazenda.rj.gov.br/
	SAQUAREMA	
RONDÔNIA	PORTO VELHO	http://www.rondonia.ro.gov.br/
RORAIMA	BOA VISTA	https://www.sefaz.rr.gov.br/
SANTA CATARINA	FLORIANÓ-POLIS	http://www.sef.sc.gov.br/
	SÃO MIGUEL DO OESTE	http://www.sef.sc.gov.br/regionais/são-miguel-do-oeste
	TUBARÃO	http://www.sef.sc.gov.br/regionais/tubarão
SÃO PAULO	JUNDIAÍ	http://www.fazenda.sp.gov.br/regionais/unidades3.asp?pf=297&id=620
	RIBEIRÃO PRETO	https://www.ribeiraopreto.sp.gov.br/sfazenda/i30principal.php
	SÃO PAULO	http://www.fazenda.sp.gov.br/

Webgrafia específica:

1. **ICMS;** Imposto sobre as Operações Relativas à Circulação de Mercadorias e sobre Prestações de Serviços de Transporte Interestadual, Intermunicipal e de Comunicação; disponível em: <http://www.portaltributario.com.br/tributos/icms.html>; acesso em: 06.06.18.

5.4 Previdência Social

A Previdência Social é o seguro que garante a renda do contribuinte e de sua família, em casos de doença, acidente, gravidez, prisão, morte e melhor idade. Oferece vários benefícios que juntos garantem tranquilidade quanto ao presente e asseguram o rendimento seguro no futuro. Para obter referida proteção é necessária a inscrição e contribuição mensal.

5.4.1 As Instituições Conscienciocêntricas que optarem por contratar pessoas com duplo vínculo, empregatício e consciencial, para *atuarem nas atividades administrativas* da IC, terão a obrigatoriedade de proceder à inscrição junto à Previdência Social (INSS) para cumprimento de todas as obrigações inerentes ao empregador, incluindo a apuração e recolhimento dos encargos patronais, assim como a apresentação das declarações acessórias devidas ao órgão previdenciário.

5.4.2 As ICs contratantes de empregados com duplo vínculo agregarão aos seus custos todas as demais despesas referentes aos encargos sociais do pessoal contratado.

5.4.3 Importante esclarecer que é desaconselhável a pessoa com duplo vínculo realizar a jornada diária de trabalho e, na sequência, iniciar o voluntariado dentro da mesma IC. Tal atitude caracteriza trabalho em horas extras perante a Secretaria de Trabalho, podendo desaguar em futuras ações indenizatórias movidas pelos empregados.

5.4.4 As Instituições que contratarem pessoas para *vínculos exclusivamente empregatícios* poderão praticar contratos por tempo indeterminado arcando com as obrigações trabalhistas concernentes ao empregador, ficando isenta somente da Contribuição Patronal por se tratarem de instituições sem fins lucrativos, desde que referida condição seja devidamente comprovada à Secretaria de Trabalho na Relação Anual de Informações Sociais (RAIS).

5.4.5 As recomendações constantes deste tópico visam proporcionar segurança à IC quanto aos procedimentos mínimos necessários em caso de contratação de empregados, assim como representam profilaxia às ações trabalhistas.

5.5 Secretaria de Trabalho do Ministério da Economia

Seguindo o procedimento descrito no item 5.4.1, as ICs, ao contratarem empregados, estarão sujeitas ao cadastro junto à Secretaria de Trabalho do Ministério da Economia informando a admissão, demissão ou transferência de trabalhador regido pela Consolidação das Leis de Trabalho (CLT). As informações serão fornecidas por meio eletrônico na página oficial do órgão[16].

Há a necessidade também da apresentação anual da Relação Anual de Informações Sociais (RAIS)[17] fornecendo os dados sobre a atividade trabalhista.

Webgrafia específica:

1. **Previdência Social;** Legislação; disponível em: http://www.previdencia.gov.br/legislacao>; acesso em: 06.06.18.

2. **Secretaria de Trabalho;** Cadastro Geral de Empregados e Desempregados (CAGED); disponível em: <http://trabalho.gov.br/trabalhador-caged>; acesso em: 29.04.19.

3. **Secretaria de Trabalho;** Relação Anual de Informações Sociais (RAIS); disponível em: <http://trabalho.gov.br/rais>; acesso em: 29.04.19.

4. **Vieira,** Waldo; *Enciclopédia da Conscienciologia Eletrônica;* Verbete: *Vínculo Consciencial;* disponível em: <http://www.tertuliaconscienciologia.org>; acesso em: 06.06.18

---

16 http://trabalho.gov.br/trabalhador-caged (acesso em: 29.04.19)

17 http://trabalho.gov.br/rais (acesso em: 29.04.19)

6. IMUNIDADE TRIBUTÁRIA

A imunidade tributária decorre de norma constitucional, prevista no art. 150, inciso VI, alínea "c", da Constituição Federal, que impõe vedações de diversas naturezas ao Poder Público, no que diz respeito à instituição, majoração, tratamento desigual e cobrança de tributos em relação às entidades de educação ou de assistência social, que preste serviços para a população em geral, em caráter complementar ao Estado e sem fins lucrativos.

6.1 A Lei 9.532, de 18 de dezembro de 1997[18], no parágrafo 2º, art. 12, reconhece a imunidade e exige das associações, para o gozo de referido benefício Constitucional, a obrigação de cumprir 7 requisitos, segundo excerto abaixo:

> Art. 12, § 2º. Para o gozo da imunidade, as instituições a que se refere este artigo, estão obrigadas a atender aos seguintes requisitos:
>
> a) Não remunerar, por qualquer forma, seus dirigentes pelos serviços prestados.
>
> b) Aplicar integralmente seus recursos na manutenção e desenvolvimento dos seus objetivos sociais.
>
> c) Manter escrituração completa de suas receitas e despesas em livros revestidos das formalidades que assegurem a respectiva exatidão.
>
> d) Conservar em boa ordem, pelo prazo de cinco anos, contado da data da emissão, os documentos que comprovem a origem de suas receitas e a efetivação de suas despesas, bem assim a realização de quaisquer outros atos ou operações que venham a modificar sua situação patrimonial.
>
> e) Apresentar, anualmente, Declaração de Rendimentos, em conformidade com o disposto em ato da Secretaria da Receita Federal.
>
> f) Recolher os tributos retidos sobre os rendimentos por elas pagos ou creditados e a contribuição para a seguridade social relativa aos empregados, bem assim cumprir as obrigações acessórias daí decorrentes.
>
> g) Assegurar a destinação de seu patrimônio a outra instituição que atenda as condições para gozo da imunidade, no caso de incorporação, fusão, cisão ou de encerramento de suas atividades, ou a órgão público.

---

18 http://www.planalto.gov.br/ccivil_03/Constituicao/Constituicao.htm
    (acesso em: 06.06.18)

6.2 As características legais sobre as entidades consideradas sem fins lucrativos constam do parágrafo 3°, do art. 12, da Lei 9.532/97, que possui a seguinte redação:

> Art. 12, § 3°. Considera-se entidade sem fim lucrativo a que não apresente *superávit* em suas contas ou, caso o apresente em determinado exercício, destine referido resultado integralmente ao incremento de seu ativo imobilizado.

6.3 Para poder usufruir o benefício do não pagamento dos tributos relativos ao patrimônio, à renda e aos serviços, as instituições estão obrigadas ao cumprimento das 3 condições a seguir, previstas na alínea "c", do inciso IV, do art. 9°, combinado com o artigo 14, ambos da Lei n° 5.172, de 25 de outubro de 1966 (Código Tributário Nacional):

1. Não distribuição de qualquer parcela de seu patrimônio ou de suas rendas, a qualquer título.

2. Aplicação dos recursos, integralmente no País, para a manutenção e desenvolvimento dos seus objetivos institucionais.

3. Manutenção da escrituração de suas receitas e despesas em livros revestidos de formalidade capazes de assegurar sua exatidão.

6.4 As Instituições Conscienciocêntricas são preponderantemente prestadoras de serviços de educação, portanto, as que desejarem o reconhecimento da imunidade constitucional e, consequentemente, o não pagamento dos tributos deverão protocolar solicitação nas Secretarias de Fazenda Municipais e, quando for o caso de livros, junto às Secretarias de Fazenda Estaduais.

6.5 Após análise do cumprimento dos requisitos necessários à fruição do direito, será expedida Declaração de Reconhecimento da Imunidade prevista no art. 150, inciso IV, alínea "c", da Constituição Federal de 1988[19]. A partir do reconhecimento da imunidade tributária, a IC pode cessar o recolhimento dos tributos e não há a necessidade de proceder à renovação periódica do pedido.

---

19 http://www.planalto.gov.br/ccivil_03/Constituicao/Constituicao.htm
(acesso em: 06.06.2018)

6.6 As ICs podem gozar de imunidade constitucional referente aos tributos listados a seguir (Ano-base 2018), divididos didaticamente em 3 seções:

6.6.1 Impostos incidentes sobre o Patrimônio:
   I.   Imposto sobre a propriedade predial e territorial urbana (IPTU).
   II. Imposto territorial rural (ITR).
   III. Imposto sobre operações financeiras (IOF).
   IV. Imposto sobre a transmissão *causa mortis* e doação de bens e direitos (ITCMD).
   V.   Imposto sobre a transmissão *inter vivos* de bens imóveis (ITBI).
   VI. Imposto sobre a propriedade de veículos automotores (IPVA).

6.6.2 Impostos incidentes sobre a Prestação de Serviços:
   I.   Imposto sobre serviços de qualquer natureza (ISSQN).
   II. Imposto sobre a circulação de mercadorias e serviços de transporte intermunicipal, interestadual e de comunicação (ICMS), desde que a entidade esteja prestando serviços de transporte intermunicipal, interestadual ou de comunicação.

6.6.3 Imposto incidente sobre a Renda:
   I.   Imposto sobre a renda e proventos de qualquer natureza (IRPJ).

6.7 Ocorre também a imunidade sobre as Contribuições mencionadas a seguir:
   I.   Contribuição ao Programa de Integração Social (PIS).
   II. Contribuição ao Financiamento da Seguridade Social (COFINS).
   III. Contribuição Social Sobre o Lucro Líquido (CSLL).
   IV. Contribuição previdenciária (quota patronal).
   V.   Contribuição Provisória sobre Movimentação Financeira (CPMF).

6.8 Cassação da imunidade

O benefício da imunidade é passível de ser fiscalizado pelos órgãos competentes que, verificando o não atendimento de qualquer dos requisitos previamente estabelecidos por parte da entidade, poderá cassá-la. A consequência desse ato é a obrigatoriedade do <u>recolhimento de todos os tributos devidos</u> a partir do exercício da ocorrência do descumprimento do requisito legal.

Quadro 3

SITE PARA CONSULTA DA LEGISLAÇÃO BÁSICA DOS TRIBUTOS

IMPOSTOS	COMPETÊNCIA	*SITE*
Imposto territorial rural (ITR)	Federal	http://idg.receita.fazenda.gov.br/acesso-rapido/legislacao/legislacao-por-assunto/itr
Imposto sobre operações financeiras (IOF)	Federal	http://idg.receita.fazenda.gov.br/acesso-rapido/legislacao/legislacao-por-assunto/imposto-sobre-operacoes-de-credito-cambio-e-seguro-ou-relativas-a-titulos-ou-valores-mobiliarios-iof
Imposto sobre a renda e proventos de qualquer natureza (IRPJ)	Federal	http://idg.receita.fazenda.gov.br/acesso-rapido/tributos/IRPJ
Imposto sobre a circulação de mercadorias e serviços de transporte intermunicipal, interestadual e de comunicação (ICMS)	Estadual	http://www.portaltributario.com.br/tributos/icms.html
Imposto sobre a transmissão *causa mortis* e doação de bens imóveis (ITCMD)	Estadual	http://www.portaltributario.com.br/tributario/imposto_itcb.htm
Imposto sobre a propriedade de veículos automotores (IPVA)	Estadual	Ver Quadro 2 – *Site* das Secretarias de Fazenda Estaduais

Imposto sobre serviços de qualquer natureza (ISSQN)	Municipal	http://www.portaltributario.com.br/tributos/iss.html
Imposto sobre a propriedade predial e territorial urbana (IPTU)	Municipal	http://www.portaltributario.com.br/tributario/impostos_iptu.htm
Imposto sobre a transmissão de bens imóveis inter vivos (ITBI)	Municipal	http://www.portaltributario.com.br/artigos/itbi.htm
CONTRIBUIÇÕES	**COMPETÊNCIA**	*SITE*
Contribuição previdenciária (quota patronal)	Federal	http://idg.receita.fazenda.gov.br/acesso-rapido/tributos/contribuicoes-previdenciarias-pj
Contribuição Provisória sobre Movimentação Financeira (CPMF)	Federal	http://idg.receita.fazenda.gov.br/acesso-rapido/legislacao/legislacao-por-assunto/cpmf
Contribuição Social Sobre o Lucro (CSSL)	Federal	http://idg.receita.fazenda.gov.br/acesso-rapido/tributos/CSLL
Contribuição ao Financiamento da Seguridade Social (COFINS)	Federal	http://www.receita.fazenda.gov.br/publico/Legislacao/Coletanea/ColetaneaPISCofins.pdf
Contribuição ao Programa de Integração Social (PIS)	Federal	http://www.receita.fazenda.gov.br/publico/Legislacao/Coletanea/ColetaneaPISCofins.pdf

Bibliografia específica:

1. **Brasil;** *Constituição Federal; 1988;* **Art. 150, inciso VI, alínea "c".**

Webgrafia específica:

1. **Brasil;** *Lei n° 5.172, de 25 de outubro de 1966,* alínea "c", inciso IV, do art. 9°, combinado com o artigo 14; Dispõe sobre o Sistema Tributário Nacional e institui normas gerais de direito tributário aplicáveis à União, Estados e Municípios; disponível em: <https://www.planalto.gov.br/ccivil_03/leis/L5172.htm>; acesso em: 16.10.17.

2. **Brasil;** *Lei n° 9.532, de 18 de dezembro de 1997,* par. 2° e 3°, do art. 12; Altera a legislação tributária federal e dá outras providências; disponível em: <www.planalto.gov.br/ccivil_03/leis/L9532.htm>; acesso em: 16.10.17.

7. CONTRIBUIÇÕES E DOAÇÕES

As receitas das Instituições Conscienciocêntricas previstas no Estatuto Social são formadas a partir de contribuições voluntárias dos associados, doações de pessoas físicas ou jurídicas e resultados financeiros provenientes de atividades educacionais, científicas e de outras naturezas desenvolvidas pela instituição, conforme os próprios objetivos sociais.

7.1 Evidencia-se também nos Estatutos a condição de o recebimento de doação ou subvenção não comprometer a autonomia e a independência da instituição perante eventuais doadores. Os bens recebidos em doação não serão devolvidos.

7.2 Para o recebimento das contribuições e doações há a necessidade de cumprir os 5 requisitos formais listados a seguir, com a finalidade de manter a legalidade e a transparência do processo:

I. Verificação da origem do recurso a ser recebido, assim como o resguardo da parte da "legítima"[20] que cabe aos herdeiros por parte do doador, seja na doação de imóvel, que deve estar desembaraçado e sem ônus, seja na doação em espécie (moeda corrente do País).

II. Identificação do doador, seja pessoa física ou jurídica.

III. Emissão de recibo de doação (Modelo 07).

IV. Associação documental do recebimento da doação a projeto específico da IC.

V. Recolhimento do Imposto sobre Transmissão *Causa Mortis* e Doações (ITCMD)[21] de competência Estadual[22], no percentual variável entre

---

20 *Legítima* é a quota indisponível na herança caso haja herdeiros necessários, equivale a 50% do patrimônio do testador, garantido em prol de determinados sucessores legítimos. Assim sendo, toda herança onde haja herdeiros necessários haverá uma quota indisponível, ou seja, a legítima, parte da herança gravada com cláusula de indisponibilidade.

21 http://www.portaltributario.com.br/tributario/imposto_itcb.htm (acesso em: 16.10.16)

22 *Vide* Quadro 2 - Site das Secretarias de Fazenda Estaduais onde são realizadas atividades da Conscienciologia no Brasil.

4% (quatro por cento) e 8% (oito por cento) dependendo do Estado, pela instituição beneficiária da doação. Referido imposto deixará de ser recolhido a partir do momento que a IC tenha conseguido junto ao órgão Estadual, a <u>Declaração de Reconhecimento da Imunidade</u>.

7.3 No que diz respeito aos **tributos federais,** a doação de bens ou direitos efetuada por valor superior ao constante na última Declaração de Imposto de Renda do doador caracteriza <u>alienação</u> e sujeita-se à apuração do <u>ganho de capital</u> (diferença positiva entre o valor de revenda de um bem e o seu valor de compra), caso seja efetuada. A alíquota é de 15% (quinze por cento) da diferença entre o valor declarado e o valor de venda.

7.4 A doação efetuada em <u>dinheiro (moeda nacional)</u> não é tributada pelo imposto sobre a renda e deve ser incluída na ficha "Rendimentos Isentos e Não tributáveis" da DIPJ, informando o nome, o CPF do doador e o valor recebido. Já o doador, deve declarar na "Ficha de Doações Efetuadas" o nome, CPF do beneficiário, valor doado e o código 80 (Doações em espécie).

7.5 As doações provenientes de pessoas jurídicas às associações sem fins lucrativos são dedutíveis da base de cálculo do imposto de renda do doador até o limite de 1,5% (um vírgula cinco por cento) do lucro operacional.

7.6 Recomenda-se que as ICs não recebam doações e subvenções estatais e nem celebrem contratos de prestação de serviços com o Estado, para resguardar a autonomia e independência da Instituição Conscienciocêntrica.

Modelo 07: Recibo de Doação

RECIBO DE DOAÇÃO

Nome da Instituição: _______________________________________

CNPJ nº: ____

Endereço: ____

Bairro: _____________________________ CEP: ________________

Tel: ____________________________

Recebemos de ____

CNPJ/CPF __________________ a importância de R$ ____________

(____)

referente à doação realizada em: _________ / _________ / _________

Declaramos, para efeito do disposto no art. 13, § 2°, inciso III - "a", "b", "c", da Lei n° 9.249, de 26 de dezembro de 1995, e no art. 28, § 1°, letra "b.3", e § 3°, "a", "b" e "c", da IN SRF N° 11, de 21 de fevereiro de 1996, que esta Entidade se compromete a aplicar integralmente os recursos recebidos na realização de seus objetivos sociais e a não distribuir lucros, bonificações ou vantagens a dirigentes, mantenedores ou associados, sob nenhuma forma ou pretexto, e que o responsável pela aplicação dos recursos e o representante legal da Entidade estão cientes de que a falsidade na prestação dessas informações os sujeitará, juntamente com as demais pessoas que para ela concorrerem, às penalidades previstas nas legislações criminal e tributária, relativas à falsidade ideológica (art. 299 do Código Penal) e ao crime contra a ordem tributária (art. 1° da Lei n° 8.137, de 27 de dezembro de 1.990).

Representante legal: _______________________________________

Nome Legível: ____

R.G. n°.: ____________Órgão Exp.: ________CPF n°.: __________

Endereço: ____

Bairro: ____

CEP: ____

Assinatura

Fonte: *Manual do Terceiro Setor*, Instituto *pro bono*; p. 49, adaptado pela autora.

Webgrafia específica

1. **Brasil;** Código Penal Brasileiro; ***Decreto-Lei n° 2.848, de 07 de dezembro de 1940,*** Art. 299; disponível em: <http://www.planalto.gov.br/ccivil_03/decreto-lei/Del2848compilado.htm>; acesso em: 16.10.17.

2. **Brasil;** *Lei n° 8.137, de 27 de dezembro de 1.990; Define crimes contra a ordem tributária, econômica e contra as relações de consumo e dá outras providências;* disponível em: <http://www.planalto.gov.br/ccivil_03/leis/L8137.htm>; acesso em: 16.10.17.

3. **Brasil;** *Lei nº 9.249, de 26 de dezembro de 1995; Altera a legislação do imposto de renda das pessoas jurídicas, bem como da contribuição social sobre o lucro líquido, e dá outras providências;* disponível em: <http://www.planalto.gov.br/ccivil_03/leis/L9249.htm>; acesso em: 16.10.17.

4. **Receita Federal;** *IN SRF n° 11, de 21 de fevereiro de 1996; Dispõe sobre a apuração do Imposto de Renda e da contribuição social sobre o lucro das pessoas jurídicas a partir do ano-calendário de 1996;* disponível em: <http://normas.receita.fazenda.gov.br/sijut2consulta/consulta.action>; acesso em: 29.04.19.

8. ORGANIZAÇÃO DOCUMENTAL PARA APRESENTAÇÃO AOS ÓRGÃOS ESTATAIS

As entidades sem fins lucrativos são passíveis de fiscalização por parte dos órgãos públicos junto aos quais efetivou inscrição para o cumprimeto do seu objetivo social. Ciente da obrigação de prestar contas quanto às obrigações principais (pagamento dos tributos ou penalidades pecuniárias) e acessórias (emissão de notas fiscais, escrituração fiscal, contábil e apresentação de declarações)[23] as Instituições Conscienciocêntricas devem manter a escrituração contábil e fiscal organizada para o pronto atendimento ao Fisco no caso de ser intimada para tal. É importante conferir a veracidade do início do procedimento de fiscalização, para tanto a IC deverá acessar o *site* do órgão público demandante e proceder à busca por "início de procedimento fiscal", onde obterá todas as informações necessárias ao assunto (*vide* Quadros 1 e 2).

8.1 Para atendimento ao chamado do órgão estatal, a IC deverá manter de maneira ordenada os 7 documentos abaixo relacionados:

    I. Estatuto atualizado e registrado em Cartório (ver item 1.2.6 – Registro de Estatuto e Ata).

    II. Atas de nomeação dos Coordenadores registradas em Cartório.

    III. Conta bancária demonstrando cadastro atualizado com os nomes dos Coordenadores em exercício.

    IV. Regularização da situação jurídica do imóvel da IC (registro de imóvel da sede própria ou contrato de aluguel atual, com tributos e taxas pagas).

    V. Alvará de funcionamento da Sede da IC.

    VI. Contabilidade com registros atualizados e devidamente aprovados pelo Conselho Fiscal da IC.

    VII. Declarações e documentação acessória complementares às informações principais pertinentes a cada órgão público.

---

23 http://www.portaltributario.com.br/tributario/obrigacaotributaria.htm; (acesso em: 03.10.17)

8.2 Ocorrendo intimação para a Fiscalização, a IC terá prazo, de no mínimo 10 (dez) e no máximo 30 (trinta) dias para a apresentação da documentação solicitada. Recomenda-se o acompanhamento por parte do Contador da IC durante todo o processo fiscalizatório.

8.3 Sendo constatada a exatidão dos registros contábeis e fiscais, para os anos-calendário sob fiscalização, será lavrado o Termo de Encerramento de Fiscalização ratificando o procedimento.

8.4 Caso seja encontrada qualquer irregularidade, será lavrado auto de infração determinando o valor do imposto a ser recolhido, acompanhado de multa e juros.

Webgrafia específica:

1. **Receita Federal;** *Orientações ao Contribuinte;* disponível em: <http://receita.economia.gov.br/orientacao/tributaria>; acesso em: 29.04.19.

9. REGISTRO DE MARCAS E DOMÍNIO DE INTERNET DAS ICS

A marca representa a identidade da associação e bem patrimonial intangível, ou seja, aquele que não possui existência física, porém de valor inestimável para a pessoa jurídica.

9.1 No Brasil, a marca é regulada pela lei nº 9.279, de 14 de maio de 1996, no Título III, artigos 122 e seguintes. Apesar de o registro da marca no Instituto Nacional da Propriedade Industrial (INPI) não ser obrigatório, a importância de fazê-lo diz respeito à proteção do nome da entidade contra a utilização de marca idêntica ou semelhante para o mesmo produto ou serviço. Da mesma forma, representa profilaxia contra atos de violação de direitos e de má-fé praticados por terceiros.

9.2 As Instituições Conscienciocêntricas, após cumpridos os trâmites de registro do Estatuto e cadastro nos órgãos públicos devidos, devem providenciar o registro da marca junto ao INPI.

9.3 O primeiro passo é verificar se a marca escolhida pela nova IC já se encontra registrada anteriormente, em caso negativo pode prosseguir com o registro. O procedimento pode ser feito diretamente no *site* do INPI[24]. Contudo, devido à diversidade de processos documentais e a necessidade de acompanhamento periódico por longo tempo, recomenda-se a contratação de escritório especializado em registro de marcas e patentes, que se ocupará de todos os trâmites necessários ao registro da marca Institucional com êxito e sem grandes entraves burocráticos para a IC.

9.4 Caso opte por registrar a marca sem a ajuda de profissional da área, há o roteiro completo *online* dos procedimentos necessários para fazer o registro no e-Marcas, no *site* do INPI.

---

24 http://www.inpi.gov.br/menu-servicos/marcas; (acesso em: 14.04.18)

9.5 No momento da solicitação do registro da marca, a Instituição deve determinar a classe de atividade na qual se enquadram os serviços prestados por ela. Dependendo da especificidade dos serviços prestados poderá haver a necessidade de classificar a marca em mais de uma categoria.

9.6 Cumpridos todos os procedimentos legais e de posse do número do processo, a entidade deverá acompanhar a Revista Eletrônica da Propriedade Industrial (RPI), onde obterá a informação se o processo cairá em exigências em função de erros nos formulários ou outras questões. Não havendo qualquer objeção, o registro final da marca será publicado na RPI e deverá ser <u>atualizado a cada 10 anos</u> com o pedido de prorrogação solicitado durante o último ano de vigência do registro.

9.7 Para registro do Domínio da IC na Internet, há a necessidade de acesso ao *site* do Registro.br <http://registro.br/suporte/tutoriais/>, onde serão localizadas todas as orientações pertinentes ao registro.

Bibliografia específica:

1. **Negrão,** Ricardo; *Manual de Direito Comercial; Bookseller;* Campinas, SP; Brasil; 1999; páginas 167 a 188.

Webgrafia específica:

1. **Brasil;** *Lei nº 9.279, de 14 de maio de 1996; Regula direitos e obrigações relativos à propriedade industrial;* disponível em: <http://www.planalto.gov.br/ccivil_03/Leis/l9279.htm>; acesso em: 07.06.18.

2. **INPI;** Instituto Nacional de Propriedade Industrial; *Guia Básico de Marca;* disponível em: <http://www.inpi.gov.br/menu-servicos/marcas>; acesso em: 14.04.18.

3. **INPI;** *Manual de Marcas e Patentes;* disponível em: <http://manualdemarcas.inpi.gov.br>; acesso em: 14.04.18.

10. CONSTITUIÇÃO DE UNIDADES INTERNACIONAIS VINCULADAS ÀS INSTITUIÇÕES CONSCIENCIOCÊNTRICAS COM SEDE NO BRASIL

As Instituições Conscienciocêntricas são livres para abrir, manter e encerrar escritórios ou unidades no Brasil e em países estrangeiros. A premissa básica é a existência de previsão estatutária nesse sentido. Ressalta-se o cuidado da não utilização do termo "filial", tendo em vista que associação não possui filial e sim escritório ou unidade.

10.1 Recomenda-se a elaboração de estatuto com o conteúdo semelhante ao da Instituição-Sede para ser utilizado pela unidade internacional.

10.2 De posse do modelo de estatuto, os voluntários da IC no exterior devem contratar advogado para assessorar na elaboração das adaptações necessárias à legislação do País onde se localiza a unidade. Antes do registro do estatuto nos órgãos estrangeiros concernentes, recomenda-se o envio ao Conselho Jurídico da UNICIN (CIAJUC)[25] para apreciação e orientações.

10.3 A alternativa à contratação de advogado é ter um voluntário da área jurídica ou de outra área, que possua bastante conhecimento da legislação local e que esteja apto a atuar com precisão junto aos órgãos competentes, sob pena de haver óbices ao registro do estatuto da IC.

10.4 É importante fazer constar do estatuto a venda de livros e outros materiais frutos das produções científicas da IC.

10.5 O trabalho voluntário não-remunerado na unidade da IC instalada em país estrangeiro será feito aos moldes do que acontece na Sede no Brasil, bastando que haja a previsão estatutária e que todos os voluntários assinem

---

25 O Conselho Internacional de Assistência Jurídica da Conscienciologia (CIAJUC) é instância suprainstitucional da Comunidade Conscienciológica, ligado à UNICIN, focado na assistência jurídica e parajurídica pautado, principalmente, nas soluções paradiplomáticas das demandas.

Termo de adesão ao começarem os trabalhos (Modelo 08) e de desligamento (Modelos 09 a 11) no ato do desfazimento do vínculo com a IC.

10.6 Havendo previsão estatutária na IC para atuação de voluntários associados e não associados, estes últimos atuam como voluntários temporários até serem convidados a fazer parte dos quadros sociais da Instituição. É importante atentar para a existência de duas modalidades de termos de desligamento do voluntário, conforme segue:
I. Voluntário não associado.
II. Voluntário associado.

10.7 A IC-Sede deverá convocar assembleia geral com a presença dos voluntários locais e dos voluntários da unidade internacional para chancelar e registrar em ata a criação da nova unidade em país estrangeiro.

11. CONTRATOS

Contrato é o acordo celebrado entre duas ou mais pessoas no qual direitos e deveres são destinados a cada uma das partes. O contrato é o instrumento legal disciplinado pela legislação em vigor e considera que as partes têm liberdade para contratar o que quer que seja, desde que o acordo não envolva objeto ilícito.

11.1 O Contrato tem a finalidade de adquirir, resguardar, transferir, modificar ou extinguir relações jurídicas. É, portanto, ato jurídico entendido como lei entre as partes, quando realizado em conformidade com as normas legais.

11.2 Não é recomendado a celebração de contratos, convênios, termos de parceria ou qualquer outro acordo com o Poder Público ou com empresas privadas que possam comprometer a independência e a autonomia das Instituições Conscienciocêntricas.

11.3 Existem diversos tipos de contratos possíveis de serem celebrados pelas ICs para a consecução dos objetivos sociais. A relevância dos contratos é entendida como critério de segurança tanto para o Contratante quanto para o Contratado, pois assegura o cumprimento de todas as cláusulas estabelecidas, não restando margem para questionamento de ambas as partes.

11.4 Após os acordos entre as partes e antes da assinatura, o Contrato precisa passar pela revisão da assessoria jurídica da própria Instituição ou, em último caso, esta poderá solicitar ao Conselho Jurídico da UNICIN a prestação desse serviço.

11.5 Todos os contratos devem ser <u>assinados pelo representante legal</u> da Instituição, eleito em assembleia geral, para ter validade jurídica. Na ausência ou impossibilidade deste, há a necessidade de nomear procurador para a tarefa.

11.6 Os contratos precisam obter firma reconhecida de ambas as partes em Cartório de Registro Cível para ser válido. Após o reconhecimento da assinatura, cada parte ficará com 1 via do contrato para facilitar a verificação do cumprimento das cláusulas acordadas.

11.7 É importante atentar para a <u>vigência dos prazos</u> estabelecidos no contrato. O descumprimento das cláusulas regulatórias relacionadas a esse tema implica penalidade, representando prejuízo para a parte transgressora.

11.8 Exemplifica-se a seguir, 7 <u>modalidades de Contratos</u> usualmente celebrados pelas ICs:
1. Contrato com hotéis para realização de Cursos, Dinâmicas Parapsíquicas, Seminários, Fóruns, Jornadas, Congressos e Congraçamento. (Anexo 2).
2. Contrato de mútuo (Anexo 3).
3. Contrato com alunos para realização de cursos presenciais (Anexo 4).
   3.1 Quando o aluno for menor deverá ser assinada a autorização por parte dos pais ou responsáveis. (Anexo 5).
4. Contrato com alunos para a realização de cursos de Ensino a Distância (EAD) (Anexo 6).
5. Contrato de Cessão de Direitos Patrimoniais do Autor (Anexo 7).
6. Contrato de Cessão de Direitos Patrimoniais do Tradutor (Anexo 8).
7. Contrato de Cessão de Direito de Imagem e Som (Anexo 9).

Bibliografia específica:

1. **Gomes,** Orlando.; ***Contratos;*** 26ª Ed.; *Forense;* Rio de Janeiro, RJ; Brasil; 2007; páginas 22 a 43.

Webgrafia específica:

1. **Brasil;** *Lei nº 10.406, de 10 de janeiro de 2002;* disponível em: <http://www.planalto.gov.br/ccivil_03/leis/2002/L10406.htm>; acesso em: 20.07.17.

2. **Instituto *pro bono; Manual do Terceiro Setor;*** disponível em: <http://www.abong.org.br/final/download/manualdoterceirosetor.pdf>; acesso em: 28.10.17; páginas 57 a 59.

12. TERMO DE ADESÃO E DESLIGAMENTO DE VOLUNTÁRIO

Termo de adesão[26] é o documento de compromisso assinado pela pessoa física no momento de ingresso no voluntariado da associação sem fins lucrativos. Da mesma forma, será firmado o Termo de desligamento, quando pela livre manifestação, o voluntário não apresentar mais interesse em pertencer ao quadro social, ou ainda, por iniciativa da Instituição. Em ambos os casos, os referidos Termos são os únicos documentos comprobatórios do trabalho sem contraprestação pecuniária, aceitos sem contestação, na hipótese de defesa em possíveis processos trabalhistas contra a IC.

12.1 Na hipótese da exclusão por iniciativa da IC, o desligamento ocorre quando o voluntário assume postura imprópria ou prejudicial à instituição ou a si mesmo e deixa de cumprir suas responsabilidades de associado, sem justificativas, manifestando impossibilidade de atuar positivamente no quadro social. Havendo consenso sobre a exclusão, o caso deve ser decidido e homologado pelos órgãos competentes da IC, conforme preveem os Estatutos.

12.2 Da decisão de exclusão por iniciativa da IC, cabe defesa e recurso por parte do voluntário, na primeira reunião do órgão social responsável, no prazo de 30 (trinta) dias a contar da data da exclusão. O recurso deve ser solicitado por escrito, enviado pelos correios, em correspondência registrada e com aviso de recebimento.

12.3 Para fazer parte das associações sem fins lucrativos são necessárias determinadas formalidades legais com a finalidade de resguardar os direitos entre as partes e regulamentar os procedimentos inerentes ao trabalho voluntário.

12.4 Segundo a regulamentação prevista na Lei nº 9.608, de 18 de fevereiro de 1998, o serviço voluntário tem natureza gratuita, não gera vínculo

---

26 As Instituições que possuem Unidades Internacionais devem verificar as regras para a adesão e desligamento do trabalho voluntário, vigentes em cada país.

empregatício, nem obrigação de natureza trabalhista, previdenciária ou afim, não cabendo, portanto, nenhuma remuneração pelos serviços prestados. É importante reforçar que o Termo de adesão ao trabalho voluntário é o documento que respalda a IC quanto à esta regra.

12.4.1 Há atenção especial à regra da não-monetização do trabalho feito pelos voluntários da Conscienciologia.

12.5 O Termo de adesão ao serviço voluntário tem prazo de 12 (doze) meses, podendo ser rescindido a qualquer tempo mediante comunicação escrita de uma das partes. Considera-se automaticamente renovado por igual período, caso ao término do prazo não haja manifestação expressa em sentido contrário por nenhum dos signatários.

12.6 A seguir, 4 modelos de Termos que devem ser assinados por ocasião da ocorrência dos eventos de adesão e desligamento do trabalho voluntário:
1. Termo de adesão ao voluntariado conscienciológico (Modelo 08).
2. Termo de desligamento do voluntariado conscienciológico a pedido do voluntário (Modelo 09).
3. Termo de desligamento do voluntariado conscienciológico por decisão da IC (Modelo 10).
4. Termo de exclusão da qualidade de associado de IC (Modelo 11).

Modelo 08: Termo de Adesão ao Voluntariado

LOGO DA IC

(NOME DA IC)
CNPJ Nº

TERMO DE ADESÃO AO VOLUNTARIADO

Voluntário: ____

CPF: ______________________________ RG: ____________________

Endereço: ____

Tel.: ______________________ Email: _______________________

Nascimento: ________ Estado civil: __________ Nacionalidade: __________

A IC ______________________ instituição privada sem fins de lucro, com sede na cidade de________, Estado, ________ na rua ________ bairro ________, inscrita no CNPJ sob o nº______, vem, por meio deste instrumento, celebrar o presente **Termo de Adesão ao Serviço Voluntário,** regido pela Lei nº 9.608, de 18 de fevereiro de 1998.

O trabalho voluntário a ser desempenhado junto a esta instituição será realizado observando-se os Estatutos e as seguintes disposições:

1. O voluntário associado da IC________está ciente que, nos termos estabelecidos pela Lei nº 9.608, de 18 de fevereiro de 1998, o serviço voluntário tem natureza gratuita, **não gera vínculo empregatício, nem obrigação de natureza trabalhista, previdenciária ou afim, não cabendo, portanto, nenhuma remuneração pelos serviços prestados.**

2. O presente **Termo de Adesão ao Serviço Voluntário** tem prazo de 12 (doze) meses a partir desta data, podendo ser rescindido a qualquer tempo mediante comunicação escrita de uma das partes. **Considera-se automaticamente renovado por igual período**, caso ao término do prazo não haja manifestação expressa em sentido contrário por nenhuma das partes.

3. O voluntário acima qualificado compromete-se a auxiliar no desenvolvimento e implementação dos objetivos institucionais da IC _____________ observando as diretrizes aqui traçadas e as informadas pelo Setor de Voluntariado da Instituição.

4. As despesas previamente autorizadas pela IC __________, por escrito, e realizadas em benefício deste, poderão ser reembolsadas ao voluntário mediante apresentação do recibos que comprovem os gastos. Caso o voluntário não deseje reembolso, deverá preencher o Termo de Doação.

5. O voluntário deve manter seu endereço atualizado junto à Instituição.

Cidade, _______________ data _____ / _____ / _____

_______________________________   _______________________________
Assinatura do voluntário   Núcleo de Voluntários da Instituição

_______________________________   _______________________________
Testemunha_1   Testemunha_2

Fonte: *Manual do Terceiro Setor*, Instituto *pro bono*; p. 65, adaptado pela autora.

Modelo 09: Termo de Desligamento do Voluntariado à Pedido

LOGO DA IC

TERMO DE SOLICITAÇÃO DE DESLIGAMENTO DO VOLUNTARIADO
(a pedido do voluntário)

Eu, (nome completo) _______________________ , CPF nº _____________ ,
residente na (endereço completo com CEP)_____________,telefone. _________
E-mail:_____________, data de nascimento ________, estado civil ___________,
nacionalidade _____________, solicito meu desligamento do quadro de voluntários, cessando imediatamente todas as minhas atividades voluntárias nessa Instituição.

Ocupe o espaço abaixo para tecer comentários, no caso de não desejar, ou não poder realizar a entrevista de desligamento com a equipe responsável pelo Setor de Voluntariado (opcional).

____

____

____

____

____

____

____

____

____

Cidade, _______________ data ____/____/____

_______________________________   _______________________________
Assinatura do voluntário solicitante   Responsável pela IC

Fonte: *Grupo de Estudos Voluntariado Empresarial;* disponível em: https://voluntaria doempresarial.org.br/tag/modelo-de-manual-do-voluntariado/; acesso em: 27.07.19, adaptado pela autora.

LOGO DA IC

TERMO DE DESLIGAMENTO DO VOLUNTARIADO
(por decisão da IC)

A IC _______________ , por decisão do ___________ (Ex.: Colegiado Gestor, Colegiado Executivo, Comitê Executivo, Conselho Administrativo, Secretariado, Diretoria etc.), em conformidade com o Estatuto e Regimento Interno, vem, por meio deste, formalizar o desligamento do voluntário, abaixo identificado, do quadro de voluntários, de acordo com as informações prestadas na entrevista de desligamento, cessando imediatamente todas as suas atividades nesta Instituição.

Ciente e de acordo:

(Nome completo) _____________ , CPF nº ________________ residente na (endereço completo com CEP) ___________________________, telefone ______________ , E-mail: ___________________ , data de nascimento ___________________ , estado civil _____________ , nacionalidade

Ocupe o espaço abaixo para tecer comentários no caso de não desejar ou não poder realizar a entrevista de desligamento com a equipe do Setor de Voluntariado (opcional).

____

____

____

Cidade, ____________ data ____ / ____ / ____

_____________________________ ____________________________

Assinatura do voluntário   Responsável pela IC

Fonte: *Grupo de Estudos Voluntariado Empresarial;* disponível em: https://voluntariadoempresarial.org.br/tag/modelo-de-manual-do-voluntariado/; acesso em: 27.07.19, adaptada pela autora.

Modelo 11: Termo de Exclusão da Qualidade de Associado

LOGO DA IC

TERMO DE DESLIGAMENTO VOLUNTÁRIO DA QUALIDADE DE ASSOCIADO

Solicito a exclusão da qualidade de associado da (ou do) (NOME DA IC) _______________, por minha livre decisão, não tendo nada a receber ou reclamar, nos termos dos artigos _____________ do Estatuto Social.

Ocupe o espaço abaixo para colocar o motivo do desligamento voluntário (opcional).

____

____

____

____

____

____

Cidade, _____________data ____/____/____

_______________________   _______________________
Assinatura do voluntário   Responsável pela IC

Fonte: *Grupo de Estudos Voluntariado Empresarial;* disponível em: https://voluntariadoempresarial.org.br/tag/modelo-de-manual-do-voluntariado/; acesso em: 27.07.19, adaptado pela autora.

Quadro 4

SELEÇÃO DE VERBETES DA *ENCICLOPÉDIA DA CONSCIENCIOLOGIA* RELACIONADOS À TEMÁTICA DA OBRA (ANO-BASE: 2019)

VERBETE	ESPECIALIDADE	TEMATOLOGIA
Advocacia Interassistencial	Interassistenciologia	Homeostático
Advogado Cosmoético	Paradireitologia	Homeostático
Antidireito	Parapatologia	Nosográfico
Assessor Jurídico Paradiplomata	Paradiplomaciologia	Homeostático
Bastidores Paradiplomáticos	Paradiplomaciologia	Homeostático
CIAJUC	Paradireitologia	Homeostático
Contestação Intelectual	Holomaturologia	Neutro
COSMOETHOS	Cosmoeticologia	Homeostático
Dano Moral	Paradireitologia	Nosográfico
Debate	Debatologia	Neutro
Evoluciólogo	Evoluciologia	Homeostático
Flexibilidade Cosmoética	Autocosmoeticologia	Homeostático
Gestão de Conflitos	Paradireitologia	Homeostático
Instituição Conscienciocêntrica	Conscienciocentrologia	Homeostático
Interesse Coletivo	Paradireitologia	Homeostático
Intraconsciencialidade Parajurídica	Paradireitologia	Homeostático
Jeitinho Brasileiro	Autocosmoeticologia	Nosográfico
JURISCONS	Paradireitologia	Homeostático
Justiça Restaurativa	Recomposiciologia	Homeostático

Materpensene Paradireitológico	Materpensenologia	Homeostático
Mediação de Conflitos	Paradireitologia	Homeostático
Mediador	Conflitologia	Homeostático
Ortopensenidade	Cosmoeticologia	Homeostático
Paradever Intermissivo	Intermissiologia	Homeostático
Paradireito	Cosmoeticologia	Homeostático
Paradireitologia	Cosmoeticologia	Homeostático
Paralegislogia	Paradireitologia	Homeostático
Paralei	Paradireitologia	Homeostático
Paramagistratura	Paradireitologia	Homeostático
Parecer Técnico	Cosmoeticologia	Neutro
Princípios Cosmoéticos	Cosmoeticologia	Homeostático
Técnica da Amparabilidade Parajurídica	Paradireitologia	Homeostático
UNICIN	Integraciologia	Homeostático
Vida Pública	Sociologia	Neutro

BIBLIOGRAFIA

01. **Barbosa,** Maria Nazaré; & **Oliveira;** Carolina Felippe; *Manual de Ongs: Guia Prático de Orientação Jurídica;* 5ª Ed.; *FGV;* Rio de Janeiro, RJ; Brasil; 2011.

02. **Brasil;** *Código Tributário Nacional (CTN); Lei 5.172, de 25.10.1966, arts. 35 a 42.*

03. **Brasil;** *Constituição Federal; 1988; Art. 150, inciso VI, alínea "c".*

04. **Brasil;** *Constituição Federal; 1988; Art. 156, II.*

05. **Conceição,** Maria Izabel; *in* **Vieira,** W.; *Enciclopédia da Conscienciologia Eletrônica;* Verbete: UNICIN; 8ª. Ed. Digital; *Associação Internacional Editares;* Foz do Iguaçu, PR; Brasil; 2014.

06. **Drucker,** P. F.; *Administração de Organizações sem Fins Lucrativos: Princípios e Práticas.* 4ª. Ed.; *Pioneira;* São Paulo, SP; 1997.

07. **Galdino,** Lane; *Desafios da Assessoria Jurídica Paradiplomática em Instituições Conscienciocêntricas;* Artigo; *Conscientia;* Revista científica; Trimestral; Vol. 19; N. 3; *Associação Internacional do Centro de Altos Estudos da Consciência* (CEAEC); Foz do Iguaçu, PR; Brasil; 2015; páginas 314 a 323.

08. **Idem;** *Paradiplomacia aplicada na CCCI através da Assessoria Jurídica;* Conferência Proferida no VII Fórum de Paradireitologia, em 15/08/2015; Foz do Iguaçu, PR; Brasil.

09. **Gomes,** Orlando; *Contratos;* 26ª Ed.; *Forense;* Rio de Janeiro, RJ; Brasil; 2007.

10. **Landim,** L. & **Scalon;** M. C.; *Doações e Trabalho Voluntário no Brasil – uma Pesquisa.* 7*Letras;* Rio de Janeiro, RJ; 2000.

11. **Marchioli,** Rodrigo; *in* **Vieira,** W.; *Enciclopédia da Conscienciologia Eletrônica;* Verbete: *Materpensene Paradireitológico;* 8ª. Ed. Digital; *Associação Internacional Editares;* Foz do Iguaçu, PR; Brasil; 2014.

12. **Idem;** *in* **Vieira,** W.; *Enciclopédia da Conscienciologia Eletrônica;* Verbete: *Paradever Intermissivo;* 8ª. Ed. Digital; *Associação Internacional Editares;* Foz do Iguaçu, PR; Brasil; 2014.

13. **Idem;** *in* **Vieira,** W.; *Enciclopédia da Conscienciologia Eletrônica;* Verbete: *Paralegislogia;* 8ª. Ed. Digital; *Associação Internacional Editares;* Foz do Iguaçu, PR; Brasil; 2014.

14. **Moreira,** Rafael; *Contabilidade das Entidades sem Fins Lucrativos; Universidade Federal do Espírito Santo;* Secretaria de Ensino a *Distância;* Vitória, ES; 2014.

15. **Negrão,** Ricardo; *Manual de Direito Comercial; Bookseller;* Campinas, SP; Brasil; 1999.

16. **Oliveira,** Aristeu; *Manual de prática trabalhista;* 41ª Ed; *Atlas;* São Paulo, SP; 2007.

17. **Ramm,** Márcia; *in* **Vieira,** W.; *Enciclopédia da Conscienciologia Eletrônica;* Verbete: ***Advocacia Interassistencial;*** 8ª. Ed. Digital; *Associação Internacional Editares;* Foz do Iguaçu, PR; Brasil; 2014.

18. **Idem;** *in* **Vieira,** W.; *Enciclopédia da Conscienciologia;* Verbete: *Técnica da Amparabilidade Parajurídica;* 8ª. Ed. Digital; *Associação Internacional Editares;* Foz do Iguaçu, PR; Brasil; 2014.

19. **Tenório,** F; (org.) *Gestão de ONGs: Principais Funções Gerenciais; Editora da Fundação Getúlio Vargas;* Rio de Janeiro, RJ; 1997.

20. **Ulman,** Karla; *in* **Vieira,** W.; *Enciclopédia da Conscienciologia Eletrônica;* Verbete: **Intraconsciencialidade Parajurídica;** 8ª. Ed. Digital; *Associação Internacional Editares;* Foz do Iguaçu, PR; Brasil; 2014.

21. **Vieira,** Waldo; *Enciclopédia da Conscienciologia Eletrônica;* Verbete: *Contestação Intelectual;* 8ª Ed. Digital; *Associação Internacional Editares;* Foz do Iguaçu, PR; Brasil; 2014.

22. **Idem;** *Enciclopédia da Conscienciologia Eletrônica;* Verbete: *Debate;* 8ª Ed. Digital; *Associação Internacional Editares;* Foz do Iguaçu, PR; Brasil; 2014.

23. **Idem;** *Enciclopédia da Conscienciologia Eletrônica;* Verbete: *Evuluciólogo;* 8ª Ed. Digital; *Associação Internacional Editares;* Foz do Iguaçu, PR; Brasil; 2014.

24. **Idem;** *Enciclopédia da Conscienciologia Eletrônica;* Verbete: *Instituição Conscienciocêntrica;* 8ª Ed. Digital; *Associação Internacional Editares;* Foz do Iguaçu, PR; Brasil; 2014.

25. **Idem;** *Enciclopédia da Conscienciologia Eletrônica;* Verbete: *Mediador;* 8ª Ed. Digital; *Associação Internacional Editares;* Foz do Iguaçu, PR; Brasil; 2014.

26. **Idem**; *Enciclopédia da Conscienciologia Eletrônica*; Verbete: ***Orto-pensenidade***; 8ª Ed. Digital; *Associação Internacional Editares*; Foz do Iguaçu, PR; Brasil; 2014.

27. **Idem**; *Enciclopédia da Conscienciologia Eletrônica*; Verbete: ***Para-direito***; 8ª Ed. Digital; *Associação Internacional Editares*; Foz do Iguaçu, PR; Brasil; 2014.

28. **Idem**; *Enciclopédia da Conscienciologia Eletrônica*; Verbete: ***Para-direitologia***; 8ª Ed. Digital; *Associação Internacional Editares*; Foz do Iguaçu, PR; Brasil; 2014.

29. **Idem**; *Enciclopédia da Conscienciologia Eletrônica*; Verbete: ***Vida Pública***; 8ª Ed. Digital; *Associação Internacional Editares*; Foz do Iguaçu, PR; Brasil; 2014.

30. **Idem**; *Enciclopédia da Conscienciologia Eletrônica*; Verbete: ***Vín-culo Consciencial***; 8ª Ed. Digital; *Associação Internacional Editares*; Foz do Iguaçu, PR; Brasil; 2014.

WEBGRAFIA

01. **Alves,** Hegrisson; *in* **Vieira,** W.; *Enciclopédia da Conscienciologia;* Verbete: *COSMOETHOS;* 05/11/2017; disponível em: <http://www.tertulia-conscienciologia.org>; acesso em: 18.12.18.

02. **Arakaki,** Cristina; *in* **Vieira,** W.; *Enciclopédia da Conscienciologia;* Verbete: *JURISCONS;* 24/04/2016; disponível em: <http://www.tertuliacons-cienciologia.org>; acesso em: 06.11.17.

03. **Araújo,** Anna; *in* **Vieira,** W.; *Enciclopédia da Conscienciologia;* Verbete: *Justiça Restaurativa;* 13/12/2014; disponível em: <http://www.tertu-liaconscienciologia.org>; acesso em: 06.11.17.

04. **Barreto,** Karina; *in* **Vieira,** W.; *Enciclopédia da Conscienciologia;* Verbete: *Advogado Cosmoético;* 12/08/2017; disponível em<http://www.ter-tuliaconscienciologia.org>; acesso em: 18.12.18.

05. **Brasil;** Código Penal Brasileiro; *Decreto-Lei n° 2.848, de 07 de dezembro de 1940,* Art. 299; disponível em: <http://www.planalto.gov.br/ ccivil_03/decreto-lei/Del2848compilado.htm>; acesso em: 16.10.17.

06. **Brasil;** *Lei n° 5.172, de 25 de outubro de 1966,* alínea "c", inciso IV, do art. 9°, combinado com o artigo 14; Dispõe sobre o Sistema Tributário Nacional e institui normas gerais de direito tributário aplicáveis à União, Estados e Municípios; disponível em: <https://www.planalto.gov.br/ccivil_03/ leis/L5172.htm>; acesso em: 16.10.17.

07. **Brasil;** *Lei n° 6.015, de 31 de dezembro de 1973;* Lei dos Registros Civis; disponível em: <http://www.planalto.gov.br/ccivil_03/leis/L6015com-pilada.htm>; acesso em: 16.10.17.

08. **Brasil;** *Lei n° 8.137, de 27 de dezembro de 1.990; Define crimes contra a ordem tributária, econômica e contra as relações de consumo e dá outras providências;* disponível em: <http://www.planalto.gov.br/ccivil_03/ leis/L8137.htm>; acesso em: 16.10.17.

09. **Brasil;** *Lei n° 8.906/94, de 04 de julho de 1994;* Dispõe sobre o Esta-tuto da Advocacia e a Ordem dos Advogados do Brasil (OAB); disponível em: <http://www.planalto.gov.br/ccivil_03/leis/L8906.htm>; acesso em: 16.10.17.

10.   **Brasil;** *Lei nº 9.249, de 26 de dezembro de 1995; Altera a legislação do imposto de renda das pessoas jurídicas, bem como da contribuição social sobre o lucro líquido, e dá outras providências;* disponível em: <http://www.planalto.gov.br/ccivil_03/leis/L9249.htm>; acesso em: 16.10.17.

11.   **Brasil;** *Lei nº 9.279, de 14 de maio de 1996; Regula direitos e obrigações relativos à propriedade industrial;* disponível em: <http://www.planalto.gov.br/ccivil_03/Leis/l9279.htm>; acesso em: 07.06.18.

12.   **Brasil;** *Lei nº 9.532, de 18 de dezembro de 1997,* parágrafo 2° e 3°, do art. 12; Altera a legislação tributária federal e dá outras providências; disponível em: <www.planalto.gov.br/ccivil_03leis/L9532.htm>; acesso em: 16.10.17.

13.   **Brasil;** *Lei nº 10.406, de 10 de janeiro de 2002;* disponível em: <http://www.planalto.gov.br/ccivil_03/leis/2002/L10406.htm>; acesso em: 20.07.17.

14.   **Brasil;** *Lei n° 11.127, de 28 de junho de 2005;* Altera os arts. 54, 57, 59, 60 e 2.031 da Lei n° 10.406, de 10 de janeiro de 2002, que institui o Código Civil, e o art. 192 da Lei nº 11.101, de 9 de fevereiro de 2005, e dá outras providências; disponível em: <http://www.planalto.gov.br/ccivil_03/_ato2004-2006/2005/lei/L11127.htm>; acesso em: 16.10.17.

15.   **CFC;** Conselho Federal de Contabilidade; *Norma Brasileira de Contabilidade NBCTSPEC/2016;* disponível em: <http://www2.cfc.org.br/sisweb/sre/detalhes_sre.aspx?Codigo=2016/NBCTSPEC&arquivo =NBCTS-PEC.doc>; acesso em: 06.06.18.

16.   **CFC;** Conselho Federal de Contabilidade; *Norma Brasileira de Contabilidade NBC T 15;* disponível em: <http://www.portaldecontabilidade.com.br/nbc/res1003.htm>; acesso em: 01.05.19.

17.   **CFC;** Conselho Federal de Contabilidade; *Resolução CFC nº 1.328/11;* disponível em: http://www2.cfc.org.br/sisweb/sre/detalhes_sre.aspx?Codigo=2011/001328&arquivo=RES_1328.doc; acesso em: 06.06.18.

18.   **Cunha,** Rubem; *in* **Vieira,** W.; *Enciclopédia da Conscienciologia;* Verbete: *Interesse Coletivo;* 15/10/2015; disponível em: <http://www.tertulia-conscienciologia.org>; acesso em: 06.11.17.

19.   **Idem;** *in* **Vieira,** W.; *Enciclopédia da Conscienciologia;* Verbete: *Parecer Técnico;* 14/10/2015; disponível em: <http://www.tertuliaconscienciologia.org>; acesso em: 06.11.17.

20.   **Galdino,** Lane; *in* **Vieira,** W.; *Enciclopédia da Conscienciologia;* Verbete: *Assessor Jurídico Paradiplomata;* 10/08/2015; disponível em: <http://www.tertuliaconscienciologia.org>; acesso em: 06.11.17.

21. **ICMS;** Imposto sobre as Operações Relativas a Circulação de Mercadorias e sobre Prestações de Serviços de Transporte Interestadual, Intermunicipal e de Comunicação; disponível em: <http://www.portaltributario.com.br/tributos/icms.html>; acesso em: 10.06.18.

22. **INPI;** Instituto Nacional de Propriedade Industrial; ***Guia Básico de Marca;*** disponível em: <http://www.inpi.gov.br/menu-servicos/marcas>; acesso em: 14.04.18.

23. **INPI; *Manual de Marcas* e Patentes;** disponível em: <http://manualdemarcas.inpi.gov.br>; acesso em: 14.04.18.

24. **Instituto pro bono; *Manual do Terceiro Setor;*** disponível em: <http://www.abong.org.br/final/download/manualdoterceirosetor.pdf>; acesso em: 28.10.17; páginas 57 a 59.

25. **Kubiak,** Vanderlei; *in* **Vieira,** W.; ***Enciclopédia da Conscienciologia;*** Verbete: ***Mediação de Conflitos;*** 05/08/2016; disponível em <http://www.tertuliaconscienciologia.org>; acesso em: 06.11.17.

26. **Marchiori;** Rodrigo; *in* **Vieira,** W.; ***Enciclopédia da Conscienciologia Eletrônica;*** Verbete: ***Materpensene Paradireitológico;*** 8ª. Ed. Digital; *Associação Internacional Editares;* Foz do Iguaçu, PR; Brasil; 2014.

27. **Nahas,** Jaqueline; *in* **Vieira,** W.; ***Enciclopédia da Conscienciologia;*** Verbete: ***Bastidores Paradiplomáticos;*** 05/06/2015; disponível em: <http://www.tertuliaconscienciologia.org>; acesso em: 06.11.17.

28. **OAB; *Ato Provimento nº 166/2015;*** 09/11/2015; Dispõe sobre a advocacia *pro bono;* disponível em: http://www.oab.org.br/noticia/29076/oab-edita-provimento-queregulamenta-a-advocacia-pro-bono?argumento-Pesquisa=ato%20provimento%20166/2015>; acesso em: 28.10.16.

29. **Previdência Social;** *Legislação;* disponível em: http://www.previdencia.gov.br/legislacao; acesso em: 06.06.18.

30. **Receita Federal; CNPJ;** disponível em: <http://receita.economia.gov.br/orientacao/tributaria/cadastros/cadastro-nacional-de-pessoas-juridicas-cnpj>; acesso em: 29.04.19.

31. **Receita Federal;** Coleta web; disponível em: <http://www.redesim.gov.br/>; acesso em: 29.04.19.

32. **Receita Federal; *IN SRF n° 11, de 21/02/1996;*** *Dispõe sobre a apuração do Imposto de Renda e da contribuição social sobre o lucro das pessoas jurídicas a partir do ano-calendário de 1996;* disponível em: <http://normas.receita.fazenda.gov.br/sijut2consulta/consulta.action>; acesso em: 29.04.19.

33. **Receita Federal;** *Orientações ao Contribuinte;* disponível em: <http://receita.economia.gov.br/orientacao/tributaria>; acesso em: 29.04.19.

34. **Rocha,** Adriana; *in* **Vieira,** W.; *Enciclopédia da Conscienciologia;* Verbete: *Flexibilidade Cosmoética;* 24/04/2016; disponível em: <http://www.tertuliaconscienciologia.org>; acesso em: 18.12.18.

35. **Idem;** Adriana; *in* **Vieira,** W.; *Enciclopédia da Conscienciologia;* Verbete: *Princípios Cosmoéticos;* 09/11/2017; disponível em: <http://www.tertuliaconscienciologia.org>; acesso em: 18.12.18.

36. **Rocha;** Carla; *in* **Vieira,** W.; *Enciclopédia da Conscienciologia;* Verbete: *Gestão de Conflitos;* 13/04/2013; disponível em: <http://www.tertuliaconscienciologia.org>; acesso em: 18.12.18.

37. **Secretaria de Trabalho;** *Cadastro Geral de Empregados e Desempregados (CAGED);* disponível em: <http://trabalho.gov.br/trabalhador-caged>; acesso em: 29.04.19.

38. **Secretaria de Trabalho;** *Relação Anual de Informações Sociais (RAIS);* disponível em: <http://trabalho.gov.br/rais>; acesso em: 29.04.19.

39. **Torres,** Daniel; *in* **Vieira,** W.; *Enciclopédia da Conscienciologia;* Verbete: *Paramagistratura;* 06/06/2012; disponível em: <http://www.tertuliaconscienciologia.org>; acesso em: 18.12.18.

40. **Vieira,** Waldo; *in* **Vieira,** W.; *Enciclopédia da Conscienciologia;* Verbete: *Antidireito;* 16/10/2005; disponível em: <http://www.tertuliaconscienciologia.org>; acesso em: 06.11.17.

ANEXOS

PROPOSTA DE ESTATUTO SOCIAL (NOME DA IC)

CAPÍTULO PRIMEIRO

Nome, Natureza Jurídica, Sede, Foro e Prazo de Duração

Artigo 1

(NOME DA IC) pessoa jurídica de direito privado sem fins lucrativos, constituída na forma de associação civil, doravante, neste Estatuto, designada *(NOME),* é instituição conscienciocêntrica, não-dogmática, político-apartidária, assistencial, universalista, científica, cultural, educacional, transnacional, multidimensional, independente, dedicada a promover e ampliar o (objetivo), através das pesquisas teáticas da (especialidade da IC), das publicações oriundas de tais investigações e respectivas atividades __________, a serem reguladas pelo presente Estatuto e disposições legais pertinentes.

Artigo 2

A *IC* terá sede e foro na Cidade de __________, Estado do __________, Brasil, Endereço__________________________, nº _____, complemento______, Bairro___________CEP________, com prazo de duração indeterminado.

CAPÍTULO SEGUNDO
Dos Objetivos Sociais e Princípios

Artigo 3

São objetivos gerais da *(NOME DA IC):*

   I. Descrição
  II. Descrição
 III. Descrição

São objetivos específicos da *(NOME DA IC):*

I.   Descrição
II. Descrição
III. Descrição

Artigo 4

A *(NOME DA IC)* realizará as seguintes atividades para consecução de seus objetivos:
I.   Descrição
II. Descrição

Artigo 5

A *(NOME DA IC)* agirá de acordo com os seguintes princípios e valores:

I.   Descrição
II. Descrição
III. Descrição
IV. Descrição

Artigo 6

A *(NOME DA IC)* não promoverá atividades religiosas, místicas, político-partidárias ou quaisquer outras que não se coadunem com seus objetivos institucionais ou deponham contra os princípios científicos do Paradigma Consciencial e cosmoéticos.

Artigo 7

A *(NOME DA IC)* contará com associados sem qualquer distinção de etnia, cor, sexo, nacionalidade, credo político ou religioso, compreendendo as seguintes categorias:

1. **Associado Fundador**: pessoa física participante da Assembleia Geral de Constituição da *(NOME DA IC)* e assinante da ata de fundação por ato pessoal ou através de representante.

2. **Associado Efetivo:** critérios estabelecidos pela IC. Os demais critérios para os associados efetivos serão descritos no regimento interno da *(NOME DA IC)*.

§ 1° Os associados fundadores e efetivos também poderão, por livre e espontânea vontade, contribuir financeiramente com a *(NOME DA IC)*, nos termos deste Estatuto.

§ 2° Os associados, qualquer que seja a categoria, não respondem individualmente, nem mesmo subsidiariamente pelas obrigações contraídas pela *(NOME DA IC)*, e não terão a devolução de quaisquer valores ou bens doados, ou legados à Instituição, ou ainda pagos a título de contribuição associativa.

Artigo 8

O associado e o voluntário, ao assumir livremente a condição de integrante da *(NOME DA IC)*, firmam o compromisso de atuar multidimensionalmente de maneira cosmoética nas atividades da IC.

Artigo 9

São direitos dos associados:

I. Participar de todas as atividades associativas;
II. Propor a criação de comissões técnicas e delas participar;
III. Apresentar propostas, programas e projetos de ação para a *(NOME DA IC)*;

IV. Ter acesso a livros de natureza contábil e fiscal, planos, projetos, relatórios, prestações de contas e resultados de auditoria independente;

V. Votar e ser votado na Assembleia Geral e nos demais órgãos sociais, nos termos do presente Estatuto e diretrizes complementares.

VI. Solicitar ao Conselho Executivo, por escrito, exclusão do quadro social ou mudança de categoria, quando lhe convier.

§ 1º Os direitos sociais previstos neste Estatuto são pessoais e intransferíveis.

§ 2º Cada associado terá direito a um voto na Assembleia Geral.

§ 3º Somente os associados que atuam na condição de voluntários da *(NOME DA IC)* poderão assumir cargos eletivos nos órgãos associativos da instituição.

Artigo 10

São deveres dos associados:

I. Observar o Estatuto, regulamentos, regimentos, deliberações e resoluções dos órgãos sociais;

II. Cooperar para o desenvolvimento da *(NOME DA IC)* e difundir seus objetivos e ações.

Artigo 11

Extingue-se a qualidade de associado por:
a. Morte;
b. Desligamento voluntário;
c. Exclusão, por justa causa, com direito de defesa e de recurso, homologada pela Assembleia Geral.

Parágrafo Primeiro

Considera-se passível de exclusão do quadro associativo a prática, pelo associado, de ato que provoque ou cause dano moral e / ou material para a *(NOME DA IC)* ;

Parágrafo Segundo

Nos casos de desligamento ou extinção não caberá a devolução de quaisquer valores ou bens doados, ou legados à Instituição, ou ainda pagos a título de contribuição associativa.

Artigo 12

A *(NOME DA IC)* poderá admitir um número ilimitado de voluntários, para desenvolver as atividades necessárias ao atingimento do seu objetivo social, sem necessidade que os mesmos se tornem associados.

§1º A admissão de voluntários será feita mediante o cumprimento das exigências legais, em especial a Lei nº 9.608, de 18 de fevereiro 1998, de acordo com este Estatuto e com a política interna de voluntariado da Instituição.

§2º A relação de voluntariado na *(NOME DA IC)* segue as diretrizes da Política de Voluntários da instituição, sendo fundamentada no vínculo consciencial e no Princípio da Descrença.

Parágrafo Primeiro
Somente será admitida na qualidade de voluntário da *(NOME DA IC)* a pessoa cujo exercício de atividades profissionais particulares não resultem em conflitos de interesses com os objetivos da Instituição.
Parágrafo Segundo
As categorias de voluntariado serão as seguintes:
a. Descrição.
b. Descrição.

Artigo 13

Extingue-se a qualidade de voluntário por:
I. Desligamento *sponse sua;*
II. Exclusão mediante decisão final da Assembleia.

§1º. Nos casos de exclusão de voluntário, poderá ser apresentada ao Comitê de Voluntariado defesa e recurso da decisão do Comitê Executivo.

§2º. Nos casos de desligamento ou exclusão, não caberá a devolução de eventuais valores ou bens doados ou legados à Instituição.

Artigo 14

A *(NOME DA IC)* poderá recorrer a profissionais especializados para prestação de serviços auxiliares, quando necessário, obedecidas as exigências legais vigentes no país e observada a Cosmoética.

Parágrafo Único
A contratação de empregados somente será realizada quando houver provisão de receita para essa finalidade.

CAPITULO TERCEIRO
Órgãos Sociais

Artigo 15

São órgãos sociais da *(NOME DA IC):*
1. A Assembleia Geral dos Associados;
2. O Colegiado Executivo;
3. O Conselho Fiscal;

Parágrafo Único
Os Membros do Colegiado Executivo e do Conselho Fiscal não receberão honorários, benefícios ou remunerações, direta ou indiretamente, por qualquer forma ou título, em razão das competências, funções ou atividades que lhes sejam atribuídas, vedando-se o recebimento de vantagens pecuniárias pelo exercício de suas funções que serão inteiramente gratuitas.

SEÇÃO I
DA ASSEMBLEIA GERAL
Da Assembleia Geral de Associados

Artigo 16

A Assembleia Geral de Associados é o órgão máximo decisório e será constituída por todos os associados em pleno gozo de seus direitos estatutários.

Artigo 17

Compete à Assembleia Geral de Associados:

I. Eleger o Presidente da Assembleia, dentre os associados que não exerçam cargos eletivos, por um período de 2 (dois) anos.

II. Eleger e destituir os membros do Conselho Fiscal.

III. Eleger e destituir os coordenadores do Colegiado Executivo.

IV. Eleger e destituir o Coordenador Geral.

V. Deliberar sobre a fusão, incorporação ou extinção da *(NOME DA IC)*.

VI. Deliberar sobre a destinação do patrimônio da *(NOME DA IC)* em caso de extinção, observado o disposto no **Artigo 38** do presente Estatuto.

VII. Deliberar sobre reforma e alterações no Estatuto.

VIII. Deliberar sobre casos omissos e não previstos no Estatuto.

IX. Aprovar contas.

§ 1º Novas competências privativas à Assembleia Geral de associações sem finalidade econômica, quando inseridas na legislação civil pertinente – Código Civil – serão automaticamente incorporadas a este Estatuto.

§ 2º O *quorum* para deliberar sobre os assuntos mencionados nos itens II a VIII do Artigo 16 é de no mínimo 2/3 dos associados presentes.

Artigo 18

A Assembleia Geral de Associados realizar-se-á, ordinariamente, preferencialmente, na segunda quinzena de abril para:

1. Aprovar a proposta de planejamento e orçamento anual da instituição;

2. Apreciar os relatórios dos Colegiados;

3. Discutir e homologar as contas e o balanço aprovado pelo Conselho Fiscal.

Parágrafo primeiro

As assembleias gerais instalar-se-ão em primeira convocação com *quorum* mínimo da maioria simples dos associados e, em segunda convocação com qualquer número, ressalvadas, para o efeito de deliberações qualitativas, o *quorum* especial previsto neste Estatuto.

Parágrafo segundo

A Assembleia Geral realizar-se-á extraordinariamente sempre que convocada por 1/5 (um quinto) de seus associados quites com as obrigações sociais, por solicitação do Coordenador Geral ou 1/3 (um terço) do Conselho Fiscal.

Parágrafo terceiro

A convocação da Assembleia Geral far-se-á através de qualquer meio de comunicação escrita, com antecedência mínima de 10 (dez) dias, podendo ser através de comunicação por *e-mail* encaminhada aos endereços eletrônicos dos associados (que deverão mantê-los atualizados através de comunicação à *(NOME DA IC)*), e afixada na sede da *(NOME DA IC)*, constando, expressamente, no memorando de convocação a pauta do dia.

Parágrafo Quarto

As reuniões da Assembleia Geral serão coordenadas pelo Presidente da Assembleia e secretariadas por um associado, indicado pelo Presidente, para atuar na reunião específica.

Do Colegiado Executivo

Artigo 19

O Colegiado Executivo é um órgão colegiado composto por ____ (por extenso) coordenações:

    I. Coordenação Geral
    II. Coordenação (Descrição)
    III. Coordenação (Descrição)
    IV. Coordenação (Descrição)

Parágrafo Único

Cada Coordenação será exercida por, no máximo, 2 (dois) integrantes, eleitos pela Assembleia Geral, dentre os associados da *(NOME DA IC)*, para 1 mandato de (n° de anos) anos, sendo permitida única reeleição consecutiva.

Artigo 20

São atribuições gerais do Colegiado Executivo:

I. Administrar globalmente a *(NOME DA IC)* fazendo-se cumprir seus objetivos.

II. Apresentar e viabilizar propostas, programas e projetos de ação para a *(NOME DA IC)*, em diversas localidades do Planeta.

III. Deliberar sobre atividades administrativas, operacionais e gerais da *(NOME DA IC)*, conforme planejamento.

IV. Encaminhar anualmente ao Conselho Fiscal, relatório de atividades e demonstrativos contábeis de despesas administrativas e de projetos.

V. Zelar pela adequada aplicação dos recursos financeiros da *(NOME DA IC)*, acompanhando o fluxo de receitas e despesas, bem como estudando a relação custo / rentabilidade das atividades.

VI. Prever, prover e gerir os recursos financeiros da *(NOME DA IC)* necessários ao seu adequado funcionamento.

VII. Convocar o Conselho Fiscal sempre que houver demanda e necessidade.

VIII. Elaborar e aprovar o planejamento estratégico e orçamento anual da *(NOME DA IC)*.

IX. Colaborar para a integração e intercooperação pacifista das consciências e também dos voluntários da *(NOME DA IC)*.

X. Manter os voluntários da *(NOME DA IC)* atualizados, através das reuniões deste Colegiado, sobre os resultados da administração em geral.

XI. Analisar demanda e viabilidade de atividades e eventos institucional e em parceria.

XII. Coordenar a elaboração da agenda integrada da *(NOME DA IC)*, em consonância com a agenda integrada da CCCI, articulada com a Coordenação Financeira e Coordenação Técnico-Científica.

Artigo 21

O Colegiado Executivo reunir-se-á sempre que necessário para tratar dos assuntos de interesse da *(NOME DA IC)* .

§ 1º Nas reuniões deverá ser observada a presença de, no mínimo, 50% (cinquenta por cento) dos representantes do Colegiado Executivo, sendo obrigatória a presença de, pelo menos, 1 Coordenador Geral.

§ 2º As atividades administrativas necessárias serão assumidas diretamente pelas próprias áreas demandantes da *(NOME DA IC)*, mantendo-se com isso, a política de descentralização das responsabilidades administrativas, de modo transversal, aos diversos setores da IC.

Artigo 22

Compete ao Coordenador Geral:

I. Representar ativa e passivamente, judicial e extra-judicialmente a *(NOME DA IC)* .

II. Promover e facilitar a gestão participativa de todos os voluntários segundo os princípios da Democracia Pura.

III. Atuar ao modo de facilitador, mediador, agregador e incentivador das atividades da *(NOME DA IC)* , contribuindo para o sinergismo institucional.

IV. Facilitar as inter-relações entre os coordenadores e destes com as demais Instituições Conscienciocêntricas.

V. Acompanhar os encaminhamentos de alunos à Comissão de Apoio a Voluntariado e Aluno (AVA).

VI. Convocar e presidir as reuniões institucionais.

VII. Coordenar o planejamento geral da *(NOME DA IC)* .

VIII. Contratar operações financeiras e abrir, movimentar e encerrar contas bancárias sempre em conjunto com o Coordenador Financeiro.

IX. Requerer, receber e dar quitação de eventuais auxílios e subvenções, sejam de pessoas físicas ou jurídicas, de direito público ou privado.

X. Admitir e demitir empregados e prestadores de serviços, quando for necessário.

XI. Convocar a Assembleia Geral de Associados sempre que necessário, conveniente ou em qualquer caso no qual o presente Estatuto tenha se omitido.

XII. Convocar o Conselho Fiscal, sempre que necessário ou conveniente.

XIII. Constituir procuradores, aprovados pelo Colegiado Executivo.

XIV. Celebrar contratos de interesse da instituição.

XV. Substituir ou acumular sua função com a de alguma coordenação do Colegiado Executivo, quando haja vacância ou impedimento de qualquer coordenação do Colegiado Executivo.

Parágrafo Primeiro

O Coordenador Geral será eleito pela Assembleia Geral, dentre os associados da ***(NOME DA IC)***, para um mandato de (n° de anos) anos, sendo permitida 01 (uma) reeleição consecutiva.

Parágrafo Segundo

A Coordenação Geral será, permanentemente, assistida pelos demais Coordenadores, podendo, cada um de *per se,* representá-lo, através de instrumento de mandato, formalmente outorgado, quando houver conveniência, falta ou impedimento da Coordenação Geral.

Artigo 23

Compete à Coordenação (Descrição):

I. Descrição
II. Descrição
III. Descrição

Artigo 24

Compete à Coordenação (Descrição):

I. Descrição
II. Descrição
III. Descrição

SEÇÃO III

Do Conselho Fiscal

Artigo 25

O Conselho Fiscal é o órgão de fiscalização financeiro-contábil por excelência, e compor-se-á de 3 (três) membros efetivos e no mínimo 1 (um) suplente, para um mandato de 2 (dois) anos, sendo permitidas reeleições.

Parágrafo Único

O Conselho Fiscal elegerá entre seus membros 1 Coordenador e 1 secretário.

Artigo 26

O Conselho Fiscal reunir-se-á ordinariamente uma vez ao ano, e extraordinariamente, sempre que convocado por 1 de seus membros, por solicitação do Coordenador Geral, por deliberação do Colegiado Executivo ou por solicitação de 1/5 (um quinto) dos associados efetivos.

§ 1º A convocação para a reunião do Conselho Fiscal far-se-á através de qualquer forma hábil, sendo permitida a convocação de seus membros através de meio eletrônico, com antecedência mínima de 10 (dez) dias, constando expressamente, no memorando de convocação a pauta do dia.

§ 2º O Conselho instalar-se-á em primeira convocação, com a presença da maioria absoluta de seus membros e em segunda convocação, meia hora após, com qualquer número.

Artigo 27

Compete ao Conselho Fiscal:

I. Examinar os livros contábeis e tomar conhecimento dos relatórios e da prestação de contas do Colegiado Executivo, emitindo parecer sobre os mesmos.

II. Verificar, a qualquer tempo, a documentação comprobatória das operações econômico-financeiras realizadas pela *(NOME DA IC)*.

III. Determinar a realização de inspeções, auditagens ou tomadas de contas, sendo-lhe facultado confiá-las a auditores externos.

IV. Convocar extraordinariamente a Assembleia Geral de Associados, quando conveniente.

V. Verificar o cumprimento do presente Estatuto e do Regimento Interno.

Artigo 28

O Conselho Fiscal deverá observar se a prestação de contas da *(NOME DA IC)* atende os seguintes requisitos:

I. Princípios fundamentais de contabilidade e as Normas Brasileiras de Contabilidade.

II. A publicidade, por qualquer meio eficaz, no encerramento do exercício fiscal, do relatório de atividades e das demonstrações financeiras da entidade, incluindo as certidões negativas de débitos junto ao INSS e ao FGTS, colocando-as à disposição para o exame de qualquer interessado.

III. A realização de auditoria, inclusive por auditores externos independentes, se for o caso.

CAPÍTULO QUINTO
Das Receitas, do Patrimônio e do Exercício Social

Artigo 29

Constituem fontes de receita da *(NOME DA IC)* :

I. As receitas operacionais e patrimoniais.

II. Auxílios, doações, legados, subvenções e outros atos de liberalidade de associados ou de terceiros.

III. Os resultados de campanhas promocionais e atividades educacionais promovidas pelo *(NOME DA IC)* .

IV. Resultados da disponibilização de bens e serviços oferecidos pela *(NOME DA IC)*.

Artigo 30

O patrimônio da *(NOME DA IC)* será constituído de bens móveis, imóveis, direitos e valores, adquiridos pelo mesmo ou recebidos por doações de pessoas físicas ou jurídicas, de direito público ou privado, nacionais ou estrangeiras, devendo ser administrado e utilizado apenas para cumprimento dos seus objetivos sociais.

§ 1° A *(NOME DA IC)* não poderá receber qualquer tipo de doação ou subvenção que possa comprometer sua independência e autonomia perante os eventuais doadores ou subventores.

§ 2° Os bens doados ou legados à *(NOME DA IC)* não serão devolvidos aos seus doadores ou sucessores, em nenhuma hipótese, passando os mesmos a integrar o patrimônio da associação.

§ 3° A *(NOME DA IC)* aplicará integralmente todos os bens, rendas, recursos e eventual resultado operacional no território nacional, para manutenção e desenvolvimento dos objetivos institucionais.

Artigo 31

O exercício social coincidirá com o ano civil e encerrar-se-á no dia 31 de Dezembro de cada ano.

Artigo 32

A *(NOME DA IC)* não distribuirá, em hipótese alguma, entre seus associados, voluntários, empregados, doadores eventuais ou terceiros, excedentes operacionais, brutos ou líquidos, dividendos, bonificações, participações ou parcelas do seu patrimônio, auferidos mediante o exercício de suas atividades, revertendo qualquer eventual saldo positivo de seus exercícios financeiros em benefício da manutenção e ampliação de suas finalidades estatutárias e / ou de seu patrimônio.

CAPÍTULO SEXTO
Da Dissolução e Liquidação

Artigo 33

A *(NOME DA IC)* se dissolve de pleno direito:
I. Por deliberação da Assembleia Geral de Associados desde que instalada com *quorum* mínimo de 2/3 (dois terços) de seus associados efetivos e aprovado por 2/3 (dois terços) dos presentes.
II. Devido à alteração de sua forma jurídica.

Artigo 34

No caso de dissolução aprovada pela Assembleia Geral, convocada especialmente para este fim, proceder-se-á o levantamento do seu patrimônio, liquidados os compromissos assumidos, o remanescente será, obrigatoriamente destinado a instituições conscienciocêntricas, legalmente constituídas, sem fins econômicos, que tenham objetivos sociais semelhantes e que sejam associadas à UNICIN (União das Instituições Conscienciocêntricas Internacionais).

§ 1º A destinação do patrimônio entre as instituições conscienciocêntricas será deliberada pela maioria simples dos associados presentes na Assembleia Geral que aprovar a dissolução da *(NOME DA IC)*.

§ 2º Para fins deste Estatuto, considera-se Instituição Conscienciocêntrica aquela que centraliza seus objetivos na consciência e em sua evolução, com base no vínculo consciencial.

§ 3º Na destinação do patrimônio deverão ser considerados os critérios de manutenção do equilíbrio econômico-patrimonial entre as instituições e de preservação dos ativos sem risco de ônus e gravames.

CAPÍTULO SÉTIMO
Das Disposições Gerais

Artigo 35

É expressamente proibido o uso da denominação social em atos que envolvam a *(NOME DA IC)* em obrigações relativas a negócios estranhos aos seus objetivos sociais, especialmente a prestação de avais, endossos e fianças.

Artigo 36

A Associação não poderá alienar ou onerar imóveis, equipamentos, ou qualquer outro bem do ativo imobilizado que esteja sendo utilizado diretamente para a consecução dos objetivos sociais.

Artigo 37

Na consecução dos objetivos sociais, com exceção do parágrafo único do ***Artigo 40,*** as operações financeiras de crédito, empréstimos, ou quaisquer outras que impliquem ou gerem endividamento devem ser aprovadas pelo Colegiado Executivo, podendo ser solicitado parecer do Conselho Fiscal.

Parágrafo Único

Fica liberada a contratação de cartão de crédito pela ***(NOME DA IC)*** .

Artigo 38

Todas as despesas da Associação só poderão ser realizadas desde que haja prévia provisão de receita.

Artigo 39

Os integrantes do Colegiado Executivo e do Conselho Fiscal não respondem com seus bens pessoais pelas obrigações contraídas em nome da *(NOME DA IC)*, salvo se agirem em desacordo com o presente Estatuto ou a Lei.

Artigo 40

O presente Estatuto será complementado por Normas Regimentais aprovadas pelo Colegiado Executivo através das quais será definido o funcionamento das diversas atividades da *(NOME DA IC)*.

Artigo 41

A natureza da *(NOME DA IC)* não poderá ser alterada nem suprimidos seus objetivos.

Artigo 42

A *(NOME DA IC)* manterá a escrituração de suas receitas e despesas em livros revestidos de formalidades legais capazes de comprovar a sua exatidão.

O presente Estatuto aprovado em Assembleia de Constituição em ___/___/____, entra em vigor na data de seu registro no Cartório de Registro Civil e de Pessoas Jurídicas, da cidade_______________, estado____________, sendo representada a *(NOME DA IC),* neste ato, pelos seus Coordenadores Gerais.

Cidade, Estado, ____ de____________ de _____.

____

Nome

Coordenador Geral da IC

CPF ________________

____

Nome

Advogado

OAB/Estado

Fonte: *Manual do Terceiro Setor*, Instituto *pro bono*; p. 70 a 84, adaptado pela autora.

Anexo 2: Contrato com hotéis para realização de Cursos, Dinâmicas Parapsíquicas, Seminários, Fóruns, Jornadas, Congressos e Congraçamento

1. Elaboração. Este documento serve para facilitar a elaboração e entendimento da produção de contratos para Cursos, Dinâmicas Parapsíquicas, Seminários, Fóruns, Jornadas, Congressos e Congraçamentos

2. Partes. No contrato há que ser definido logo no primeiro parágrafo as partes que irão assinar e responder legalmente pelo acordo contratual, sendo de um lado o HOTELEIRO e de outro lado a CONTRATANTE (IC).

3. Cláusulas. O contrato é composto basicamente de 8 (oito) cláusulas, como segue:

    I – Do objeto

    II – Do prazo

    III – Dos participantes

    IV – Do preço

    V – Da forma de pagamento

    VI – Da cortesia

    VII – Das penalidades

    VIII – Das disposições gerais

4. Conteúdo. O conteúdo das cláusulas é semelhante para todos os contratos, necessitando apenas das adaptações necessárias para cada hotel.

5. Detalhamento das Cláusulas:

Cláusula I – Do objeto. O objeto é sempre a contratação dos apartamentos e do (s) salão (ões) de eventos do hotel. A alteração é somente na data do evento, como segue:

"O objeto do presente contrato é a ocupação dos quartos do HOTELEIRO, e, a utilização de seus serviços, salão ______ e móveis, pelos participantes e professores, do Curso ______________, a ser realizado de ___ a ___ de ______ de ______, observando-se a Regulamentação do HOTELEIRO, no que não infrinja o disposto neste instrumento.

Cláusula II - Do Prazo. O prazo refere-se aos dias da ocupação, que são de sexta a domingo, na maioria dos Cursos.

O prazo da ocupação corresponde ao período equivalente a duas diárias do HOTELEIRO a ser iniciado no dia ___ de ______ de ______, efetivando-se o *check-in* a partir de 12h, para findar-se no dia ___ de ______ de ______, efetivando-se o *check-out* até às 17h.

Cláusula III – Dos Participantes. Nesta cláusula se prevê a quantidade de participantes do curso e a antecedência necessária para a comunicação do número final de alunos ao hotel, em geral negocia-se 48 (quarenta e oito) horas de antecedência. Alguns hotéis exigem 72 (setenta e duas) horas.

Há também alíneas prevendo valores para excesso ou ausência de participantes após a confirmação.

"A CONTRATANTE se compromete a enviar, através de *fac-símile ou e-mail*, a confirmação do número de participantes no curso em até 72 (setenta e duas) horas de antecedência da data de sua realização para facilitar a organização do HOTELEIRO.

 a) No caso de variar, para menos, o número de participantes confirmados em até 10%, será cobrado o valor correspondente ao número efetivo de hóspedes.

b) As ausências além de 10% serão cobradas do CONTRATANTE.

c) Se o número de hóspedes for maior do que o confirmado 48 horas antes, o CONTRATANTE pagará a diferença com base nos valores firmados neste contrato;

d) O número de participantes previsto é de _____ pessoas, baseado no qual será cobrado como mínimo garantido para o serviço de alimentação."

Cláusula IV - Do Preço

"Os preços das tarifas serão cobradas conforme abaixo:

a) Salão ______ – Três (03) diárias no valor de R$ ______ (.....), perfazendo o montante de R$ ______ (.....).

 b) *Coffee Break* – Dois (02) *Coffee Break* I, no valor de R$ ______ (.....), perfazendo um total de R$ ______ (....), que serão servidos, na sexta às ____ horas e no sábado às ____ horas.

c) Apartamento Individual (com café da manhã) – Duas (02) diárias, no valor de R$ ______ (.....), perfazendo o valor total de R$ ______ (...).

d) Apartamento Duplo (com café da manhã) – Duas (02) diárias, no valor de R$ ______ (.....), perfazendo o valor total de R$ ______ (...).

e) 04 (quatro) refeições (2 almoços e 2 jantares), conforme cardápio em anexo, ao preço de R$ ______ (...), perfazendo um total de R$ ______ (...) por pessoa, incluída neste preço uma bebida não alcoólica por pessoa;

f) Água mineral em garrafão de 20 litros, ao valor de R$ _______ "

Cláusula V - Da Forma de Pagamento. Negociado com o Hotel.

"A CONTRATANTE efetuará o pagamento total, 15 dias após o fim do evento, através de fatura, que deverá ser enviada juntamente com a nota fiscal para o endereço da CONTRATANTE."

Cláusula VI - Da Cortesia. Dependendo do Hotel e da negociação, muitas vezes consegue-se cortesias para o apartamento do (s) Professor (es) Epicentro (s) do curso e também para o Salão do Evento.

"6.1 - Na utilização de no mínimo _______ apartamentos no período do evento e contratando os serviços de alimentos e bebidas sendo: 02 *coffee break*, 02 almoços e 02 jantares para no mínimo _______ pessoas, o espaço físico terá o desconto especial de _____% no valor da diária.

6.2 - O HOTELEIRO disponibiliza para a hospedagem de 01 (um) de seus professores e acompanhante, 01 quarto de casal para ocupação, durante o prazo de 03 diárias, com o custo de R$ _______ + R$ _______ de *Tourism Tax*. Demais despesas, tais como, refeições, consumo de frigobar, consumo no bar, telefonemas e lavanderia, serão pagas pela CONTRATANTE."

Cláusula VII - Das Penalidades. A penalidade abaixo é a mais usual nos contratos, contudo também dependerá de cada negociação.

"Fica, desde já, combinada a multa correspondente ao valor de 5 (cinco) diárias, considerando-se como valor da diária o acordado na Cláusula IV letra "a", pelo descumprimento, por uma das partes, de quaisquer das disposições deste contrato, que possam vir a impedir a realização do evento."

Cláusula VIII - Das Disposições Gerais. Nesta cláusula são incluídos todos os itens de segurança do Hotel e também da Instituição contratante. Abaixo alguns exemplos:

"8.1 O HOTELEIRO se compromete a oferecer quartos localizados o mais próximo possível da sala de realização do curso, conforme a disponibilidade no ato do *check in*;

8.2 O HOTELEIRO se obriga a fornecer aos participantes, considerando-se incluídos no valor da diária cobrada:

a) Café da manhã composto de leite, café, chá água, sucos, biscoitos, bolos, pão de queijo, pães variados, geleias e frutas da estação, o mesmo deverá ser servido pontualmente às _____h;

b) Almoços e jantares seguindo o cardápio executivo, com alimentação farta durante as refeições, incluído uma bebida não alcoólica e sobremesa;

c) 2 (dois) *coffee break* conforme opção 2, qual seja, café, chá, leite, sucos naturais, chocolate quente ou frio, *croissant* recheado, folheado de salsicha e de palmito, bolo e *petit fours*;

8.3 É expressamente proibida a distribuição e comercialização de qualquer produto perecível (alimentos e bebidas) nas dependências do Hotel sem a expressa autorização do Hotel _______________. Esta medida leva em consideração as exigências da Vigilância Sanitária e a responsabilidade do Hotel junto aos visitantes do evento.

8.4 O contratante deverá designar um ou mais responsáveis para autorização e assinatura de serviços e comandas extracontrato, a serem consumidos durante a realização do evento;

8.5 A área de estacionamento do Hotel _______________ é oferecida gratuitamente, portanto, o hotel não se responsabiliza por danos e roubos de veículos, bem como objetos deixados no interior do mesmo;

8.6 Toda e qualquer solicitação extracontrato será objeto de aditivo ao contrato, ficando o atendimento condicionado ao aceite e forma de pagamento dos custos correspondentes.

8.7 Fica, desde já, acordado entre as partes que permanecerão válidas as cláusulas previstas neste instrumento, na hipótese de nova contratação da prestação dos serviços objeto deste contrato, a ser celebrada por instrumento de renovação."

Cláusula IX - Do Foro. Para o Jurídico da Instituição contratante é importante que seja escolhido o Foro da cidade Sede para dirimir as questões contratuais, contudo em caso de discordância por parte do Hotel, o Jurídico da IC deve ser comunicado para analisar outra forma de abordagem para negociar com o hotel.

"9.1 As Partes elegem o foro da Comarca de _________, Estado _________, como competente para dirimir as questões decorrentes da execução deste contrato, em detrimento de outro, por mais privilegiado que seja.

9.2 E, por estarem, justos e contratados, CONTRATANTE E HOTELEIRO assinam o presente instrumento, em 3 (três) vias de igual teor e forma, na presença de duas testemunhas, para que produza os seus efeitos de fato e de direito."

Cidade, Estado, _______de ___________ de ______

____
Responsável pela IC

____
Empresa Hoteleira

____
Gerente do Hotel

Testemunhas:

____

____

Fonte: Roteiro para a consecução do contrato elaborado pela autora.

Anexo 3: Contrato de mútuo

CONTRATO DE MÚTUO

Pelo presente instrumento particular, de um lado (identificação e quali-ficação do(a) mutuante) (quem está concedendo o empréstimo); <u>no caso de pessoa física</u>: nome completo, nacionalidade, estado civil, profissão, número do RG e CPF, endereço completo; <u>no caso de pessoa jurídica</u>: razão ou denominação social, endereço completo da sede, número de inscrição no CNPJ, nome e qualificação da pessoa que a representa no ato do contrato, doravante denominada simplesmente MUTUANTE, e de outro lado (identificação e qualificação do(a) mutuário(a), quem recebe o empréstimo, doravante denominada simplesmente MUTUÁRIA, têm entre si, justo e contratado, o seguinte:

I. A MUTUANTE entrega à MUTUÁRIA, neste ato, a quantia de R$ __________ (por extenso), representada pelo cheque ou depósito nº _____ no Banco ________ Agência ________

II. A MUTUÁRIA se compromete a restituir à MUTUANTE a quantia mutuada, no dia ____ de. juros de X % ao ano, os quais serão calculados a partir desta data até o dia da efetiva liquidação da dívida.

III. Fica facultado à MUTUÁRIA saldar a dívida antes da data de seu vencimento, estabelecido no item anterior, hipótese em que os encargos financeiros (atualização monetária e juros) serão calculados proporcional-mente, até o dia do efetivo pagamento.

IV. Para dirimir quaisquer dúvidas que venham a surgir em decorrência deste contrato fica eleito o foro da Comarca de (Cidade), Estado, excluído qualquer outro, por mais privilegiado que seja.

E, por estarem de acordo com todas as disposições nele consignadas, as partes assinam esse instrumento particular, juntamente com duas testemu-nhas, em duas vias de igual teor, ficando cada parte com uma via.

Local _____de __________ de _____

______________________________   ______________________________
          (mutuante)   (mutuário(a)

Testemunhas:

1. Nome: ________________________________
Assinatura: ________________________________

2. Nome: ________________________________
Assinatura: ________________________________

Fonte: *Modelos Simples;* disponíveis em: https://www.modelosimples.com.br/ modelo-de-contrato-de-mutuo-em-dinheiro.html; acesso em: 27.07.19, adaptado pela autora.

Anexo 4: Contrato com alunos para realização de cursos presenciais

(NOME DA IC)

CONTRATO DE PARTICIPAÇÃO NO CURSO _______________________

DADOS DO ALUNO E DO CURSO

LOCAL: ____

CIDADE: _______________________________ UF: ___________________

NOME COMPLETO DO ALUNO (A): ___________________________________

NOME COMPLETO DO RESPONSÁVEL (Caso o aluno seja menor de 18 anos): ____

RG: _________________________ CPF: ____________________________

ENDEREÇO: ____

TELEFONES: _____________ (res.) _____________ (cel.) _____________ (com.)

VALOR PAGO: R$ ______ (____________________________________ **reais)**

NÚMERO DO RECIBO: _____________ DATA: _____________

A inscrição e a participação do aluno no curso_____________ ministrado através da IC _______________, implica no conhecimento e na aceitação de todos os avisos aqui constantes:

01 - Instituição. A IC _________________ é uma instituição de educação e pesquisa, sem fins lucrativos, aberta e receptiva a todas as pessoas que queiram conhecer e participar do estudo e da pesquisa do (materpensene da IC) ____

02 - Objetivo. O curso visa _______________________________________

03 - Inscrição. A inscrição se efetiva com o correto preenchimento do cadastro de aluno, fornecido pela Instituição, juntamente com o pagamento e a escolha da turma a ser frequentada pelo aluno.

04 - Vinculação. O aluno fica **vinculado** à turma pré-selecionada por ele na inscrição, **sendo vedada a mudança** de turma, exceto em **casos excepcionais,** mediante mútuo acordo entre as partes contratantes.

05 - Duração: O **curso** ___________ tem a duração de ____ (______) horas.

06 - Chegada. O aluno deverá comparecer ao local de início do curso no horário pré-determinado pela Instituição.

07 - Direitos. A quantia paga no ato da inscrição garante ao aluno o Material do curso e __ *coffee break* durante o período de realização do curso.

08 - Devolução. Se o aluno desistir de participar do curso, objeto deste instrumento, **até ____ (____) dias antes do evento**, terá direito à devolução do valor pago, descontados ___%(____ **por cento**) referentes às despesas administrativas, desde que **informe** sua decisão **por escrito** à (IC responsável pela realização do curso).

08.1 - Nas desistências, sempre manifestadas por escrito, **ocorridas a menos de __ dias** da realização do curso, **além dos ______% (_____ por cento) sobre o valor integral**, poderão ser **acrescidas, caso ocorram, as despesas de hotel** referentes a *no show* (diárias e outros).

09 - Prazo. A IC ________ terá prazo de _____ (....) **dias úteis** contados da data do recebimento da manifestação escrita para devolver os valores previstos no item 08.

10 - Responsabilidade. A utilização, o aproveitamento e o aprimoramento pessoal das informações recebidas durante o curso é de exclusiva responsabilidade do aluno.

11 – Omissões. As omissões serão resolvidas mediante mútuo acordo entre o aluno e a IC_________.

    Parágrafo único. O aluno se responsabiliza por eventuais gastos referentes à medicação e atendimento médico, caso não possua plano de saúde.

> *Declaro estar ciente e concordo com as condições acima apresentadas.*
>
> Cidade, Estado, _____de __________ de _____
>
>
> ____
> **Nome e assinatura do aluno (ou responsável)**
>
>
> ____
> **Instituição**

Fonte: *Lex Magister;* disponível em: http://www.lex.com.br/contrato_1127025_
CONTRATO_DE_PRESTACAO_DE_SERVICOS_EDUCACIONAIS.aspx; acesso
em: 27.07.19, adaptado pela autora.

Anexo 5: Termo de Autorização para menor

TERMO DE AUTORIZAÇÃO PARA MENOR

Eu,____
(nome do pai / mãe / responsável legal), RG n°_________, CPF n°_________,
residente e domiciliado na (endereço completo)_______________________
autorizo o menor _____________________, (nome em extenso) a participar do curso/atividade _________________________________ (nome do curso/atividade por extenso) e me responsabilizo em acompanhá-lo (la) durante as _________(quantidade de atividades) aulas do curso/atividade no período de ___/___/___ (dia e mês) a ___/___/___ (dia, mês e ano).

Cidade, Estado, ______de _________ de _____

____
Assinatura

Fonte: *Manual do Terceiro Setor*, Instituto *pro bono*; p. 66, adaptado pela autora.

CONTRATO DE PRESTAÇÃO DE SERVIÇOS DE ENSINO A DISTÂNCIA - EAD

Pelo presente instrumento particular, de um lado, [nome completo do contratante]_____________________, [profissão],_____________________ [nacionalidade]_______________ [estado civil],___________, portador(a) do RG nº _________, [órgão expedidor], _____ CPF nº. _______________, residente e domiciliado(a) [endereço completo] _____________________, doravante denominado(a) **CONTRATANTE** e, de outro lado, a [Instituição Conscienciocêntrica], _______________________________ estabelecida na [endereço completo] _____________________, doravante denomi-nada **CONTRATADA**, neste ato têm entre si, de maneira justa e acordada, o presente **CONTRATO DE PRESTAÇÃO DE SERVIÇOS DE ENSINO A DISTÂNCIA**, mediante cláusulas e condições estabelecidas a seguir.

1. DO OBJETO

1.1. O **CONTRATADO** se obriga a prestar ao(à) **CONTRATANTE** os serviços de ensino, na **modalidade a distância**, com a carga horária determinada na programação do curso, que será anexada ao presente instrumento, com início e término de aulas previstas conforme Cláusula a seguir.

1.2. O ensino a distância será relativo ao [nome do curso] ____________, sendo composto de estudos individuais mediante envio ao *email* do(a) **CONTRATANTE** de materiais didáticos (a exemplo, apostilas, *slides* e/ou outros), bem como *link* para assistir a vídeo de aulas gravadas ou em trans-missão ao vivo a distância, de acordo com os planos e programas didáticos do curso.

1.3. É de inteira responsabilidade da **CONTRATADA** a orientação técnica sobre a prestação de serviços de ensino, fixação de carga horária, remaneja-mento de orientadores, orientações didático-pedagógicas, confecção e entrega de materiais didáticos, digitais ou não, que possibilitem o desenvolvimento da aprendizagem e estudo do aluno, além de outras providências que as atividades docentes exigem, obedecendo a exclusivo critério, sem interfe-rência do(a) aluno(a), ora **CONTRATANTE**.

2. DO COMPROMISSO PEDAGÓGICO

2.1. Para realização do curso, a **CONTRATADA** se compromete a oferecer as condições didático-pedagógicas ao(à) **CONTRATANTE**, com assistência de orientadores treinados e qualificados para o exercício de suas funções, que estejam à disposição do(a) aluno(a), mediante agendamento prévio de horário, para que possa dirimir possíveis dúvidas.

2.2. É de inteira responsabilidade da **CONTRATADA** a entrega de materiais didáticos, digitais ou físicos, excetuando-se a responsabilidade de:

I) Problemas de recebimento de materiais didáticos por *email,* se tiver sido fornecido pelo(a) **CONTRATANTE** *email* errado ou este esteja com problema técnico de qualquer natureza;

II) Extravio pelos Correios, após confirmado o recebimento do material, sendo neste último caso todas as onerações serão custeadas pelo(a) aluno(a).

3. DO PREÇO

3.1. O(A) **CONTRATANTE**, ao se matricular no curso, pagará a **CONTRATADA** pela prestação dos serviços objeto do presente contrato, a importância __________ [em reais], em ______ [se houver parcelas] parcelas, por meio de ________ [informar se será via boleto, cheque, cartão de crédito], nas datas a seguir: ______ [data 1ª parcela]; ________ [data 2ª parcela].

3.2. No momento da matrícula, o(a) **CONTRATANTE** pagará o valor previamente estabelecido, na qual expressa nesta oportunidade a sua inteira concordância com o preço e forma de pagamento, sem restrições que possam colocar em risco a viabilidade econômica do curso, da prestação de serviços e dos custos indispensáveis ao desenvolvimento do curso.

3.3. Em caso de inadimplemento do(a) **CONTRATANTE**, o presente contrato poderá, caso seja de interesse da instituição, ser utilizado como título executivo extrajudicial, podendo ser executado judicialmente pela **CONTRATADA**, na forma do art. 798 do Código de Processo Civil.

4. DA RESCISÃO

4.1 O presente contrato poderá ser rescindido, nas seguintes hipóteses:

I) Pelo(a) aluno(a), ora **CONTRATANTE**, ou seu responsável, mediante comunicação por escrito, devidamente protocolada na sede da **CONTRATADA**, endereço no preâmbulo deste instrumento contratual;

II) Pela **CONTRATADA,** mediante comunicação por escrito, podendo ser utilizado meio digital para a comunicação, desde que se comprove o recebimento pelo(a) **CONTRATANTE**, nos seguintes casos abaixo:

a) Não ter a turma o número mínimo de alunos para viabilizar o curso ou outro fato importante que interfira na realização do curso.

b) Por inadimplência do(a) **CONTRATANTE.**

4.2. Em caso de desistência voluntária do(a) aluno(a), observa-se-à o seguinte:

I) Desistência ocorrer antes de se iniciar o curso, o(a) aluno(a) terá todo o valor pago devolvido [a IC analisará se está de acordo com sua política interna];

II) Desistência ocorrer após o início do curso, o(a) aluno(a) terá _______ [informar o valor a ser devolvido] de valor devolvido [a IC analisar se está de acordo com sua política interna].

4.3. Em caso de a **CONTRATADA** rescindir unilateralmente:

I) Em caso da alínea "a" do item II da Cláusula 4.1., o(a) aluno(a) terá todo o valor pago devolvido [a IC analisar se está de acordo com sua política interna];

II) Em caso da alínea "b" do item II da Cláusula 4.1., o(a) aluno(a) terá _______ [informar o valor a ser devolvido] de valor devolvido [a IC analisar se está de acordo com sua política interna].

4.4. A devolução do valor se dará em até 30 (trinta) dias úteis a contar do comunicado.

5. DA VIGÊNCIA

5.1. O presente contrato produzirá seus efeitos somente durante a realização do curso, não havendo quaisquer responsabilidade após o decurso da atividade.

6. DISPOSIÇÕES GERAIS

6.1. A utilização, o aproveitamento e o aprimoramento pessoal das informações recebidas durante o curso são de exclusiva responsabilidade do(a) **CONTRATANTE.**

6.2. O(A) **CONTRATANTE** terá que obedecer a frequência mínima exigida no curso, não podendo ter _______ [nº de faltas] de faltas, sob pena de ser considerado não concluinte da atividade pedagógica.

6.3. A frequência às aulas obedecerá a procedimento da instituição, conforme cada tipo de curso, a ser informado pela equipe pedagógica da **CONTRATADA**.

6.4. O(A) **CONTRATANTE** deverá possuir equipamentos e *softwares*, com acesso à internet a fim de poder acessar o conteúdo didático e/ou *link* de acesso à vídeo-aula, assim como ter e manter *email* e telefone atualizados para permanente contato.

6.5. É de inteira responsabilidade do(a) **CONTRATANTE** manter seus dados cadastrais atualizados e com informações verídicas, bem como zelar pela confidencialidade de sua senha e *login* na plataforma de acesso ao curso, quando disponibilizada pela **CONTRATADA**, de maneira a não permitir compartilhamento.

6.6. É vedada a reprodução de quaisquer materiais físicos e/ou digitais do curso a terceiros, sob pena de responder, civil e criminalmente, perante a **CONTRATADA** e terceiros, nos termos da Lei n°. 9.609/98, por violação da propriedade intelectual, devendo o uso deste ser feito exclusivamente em âmbito privado pelo(a) **CONTRATANTE**.

7. DO FORO

7.1. As partes elegem o foro da cidade ________Estado________, para dirimir quaisquer dúvidas provenientes da execução e cumprimento do presente contrato.

E, por estarem assim acordadas e contratadas, as partes firmam o presente instrumento em duas (02) vias de igual teor e forma, na presença das testemunhas abaixo.

Cidade, Estado, _____de ________ de _____

_______________________________   _______________________________

     Contratante   Contratada

_______________________________   _______________________________

     Testemunha   Testemunha

Fonte: *Senac EAD;* disponível em: http://www.es.senac.br/ead/contrato.PDF; acesso em: 27.07.19, adaptado pela autora.

CONTRATO DE CESSÃO DE DIREITOS
PATRIMONIAIS DE AUTOR(A)

Pelo presente instrumento particular, de um lado, [nome completo do cedente]_____________________, [profissão]_____________________, [nacionalidade] ____________, [estado civil] ____________, portador(a) da carteira de identidade nº ____________[órgão expedidor] ________, CPF nº_____________________, residente e domiciliado(a) [endereço completo] na ____, doravante denominado(a) **CEDENTE** e, de outro lado, a [Instituição Conscienciocêntrica] ____________, estabelecida na [endereço completo], _____________________ doravante denominada **CESSIONÁRIA**, neste ato têm entre si, de maneira justa e acordada, o presente **CONTRATO DE CESSÃO DE DIREITOS PATRIMONIAIS** mediante cláusulas e condições estabelecidas a seguir.

1. DO OBJETO

1.1. O presente instrumento tem como objeto a cessão exclusiva, gratuita, e total dos direitos patrimoniais da ____ [nº da edição]ª Edição, ____ [nº da reimpressão]ª reimpressão, em meio digital e físico, este último com a tiragem máxima de ____ [nº de exemplares] de exemplares, nos idiomas português, espanhol e inglês [se necessário, digitar o texto: em todos os idiomas que a cedente entender necessário] da obra de cunho científico do(a) **CEDENTE** com o título de ____ [nome da obra].

1.2. Por este instrumento, fica acordado que o CEDENTE cede a ____ [nº da edição]ª Edição desta OBRA à **CESSIONÁRIA**, em caráter definitivo, somadas a essas as consequências que possam advir da reprodução, divulgação e outras formas de veiculação pública da obra cedida neste ato.

1.3. A Cessão dos Direitos Patrimoniais do(a) **CEDENTE**, objeto deste contrato é válida nos países de domicílio das partes e em todos os países onde a OBRA for divulgada, editada, publicada, comunicada e comercializada.

2. DA RESPONSABILIDADE DO CEDENTE

2.1. O(A) **CEDENTE**, por meio deste instrumento, declara expressamente que a OBRA cedida, bem como os direitos a ela vinculados, não possui qualquer proibição ou impedimento no sentido de publicação e divulgação, respondendo o CEDENTE integralmente sobre seu conteúdo, a qualquer tempo ou lugar, sendo ou não voluntário de instituição de pesquisa, ainda que venha a se desvincular dos estudos da ciência Conscienciologia.

2.2. O(A) **CEDENTE** nomeia e constitui a **CESSIONÁRIA** ou a Institui-ção Conscienciocêntrica que a suceder, como sua única procuradora para atuar em defesa dos direitos relacionados à OBRA cedida, salvo no que se referir às questões de conteúdo.

3. DA RESPONSABILIDADE DA CESSIONÁRIA

3.1. A **CESSIONÁRIA** responsabiliza-se pela contratação do registro e dos demais atos necessários para o reconhecimento do direito de propriedade sobre a OBRA.

3.2. A **CESSIONÁRIA** compromete-se a contratar instituição especiali-zada para a publicação, editoração, divulgação e pela prática operacional de comercialização, através de quaisquer modalidades. Desta forma, resta exclusivamente à **CESSIONÁRIA**, por critério próprio, efetuar quaisquer negociações concernentes à OBRA cedida.

3.3. A **CESSIONÁRIA** compromete-se a submeter a versão final do con-teúdo e da capa ao(à) **CEDENTE** para aprovação antes de encaminhar a OBRA à gráfica.

3.4. Caso o(a) **CEDENTE** deseje adquirir exemplares, pode adquirir, a preço de custo, junto à **CESSIONÁRIA**, informando-a desta condição e do número de exemplares excedentes no ato da assinatura do presente contrato.

4. DA VIGÊNCIA

4.1. O presente contrato é válido para a publicação da __ [nº da edição]ª Edição da OBRA, traduzida nos idiomas português, espanhol e inglês [se necessário, digitar o texto: em todos os idiomas que a cedente entender necessário] e **VIGORARÁ EM CARÁTER DEFINITIVO.**

4.2. O presente ajuste é firmado em caráter irrevogável e irretratável, pro-duzindo seus efeitos inclusive em relação a eventuais herdeiros e sucessores do(a) **CEDENTE.**

4.3. O(A) **CEDENTE** declara que, caso se esgote a __ [nº da edição]ª Edição, **desde já autoriza a CESSIONÁRIA a proceder a reimpressão da obra.**

4.4. Considera-se esgotada a edição física quando restarem em estoque número inferior a 10% (dez por cento) do total de exemplares desta edição, conforme dispõe o parágrafo segundo do artigo 63 da Lei nº. 9.610/98.

> **5. DO FORO**
>
> 5.1. As partes elegem o foro da cidade de Foz do Iguaçu - Paraná, para dirimirem quaisquer dúvidas provenientes da execução e cumprimento do presente contrato.
>
> E por estarem assim acordadas e contratadas, as partes firmam o presente instrumento em duas (02) vias de igual teor e forma, na presença das testemunhas abaixo.
>
> Foz do Iguaçu/PR, _______de ___________ de ______
>
>
>
> ________________________   ________________________
> **Cedente**   **Representante da IC**
>
>
>
> ________________________   ________________________
> **Testemunha**   **Testemunha**

Fonte: *Sinescontábil*; disponível em: http://www.sinescontabil.com.br/modelos/ modelos/modelosdc/contrato_de_cessao_de_direitos_patrimoniais.htm; acesso em: 27.07.19, adaptado pela autora.

Anexo 8: Contrato de Cessão de Direitos Patrimoniais do Tradutor

CONTRATO DE CESSÃO DE DIREITOS PATRIMONIAIS DE TRADUTOR(A)

Pelo presente instrumento particular, de um lado, [nome completo do cedente]____________________, [profissão] _____________________, [nacionalidade]__________, [estado civil] ____________, portador(a) da carteira de identidade nº ___________ [órgão expedidor]__________, CPF nº _______________, residente e domiciliado(a) [endereço completo] na _________________________________, doravante denominado(a) **CEDENTE** e, de outro lado, a [Instituição Conscienciocêntrica]_________________, estabelecida na [endereço completo],

____

doravante denominada **CESSIONÁRIA**, neste ato têm entre si, de maneira justa e acordada, o presente **CONTRATO DE CESSÃO DE DIREITOS PATRIMONIAIS DE TRADUÇÃO DE OBRA** mediante cláusulas e condições estabelecidas a seguir.

1. DO OBJETO

1.1. O presente instrumento tem como objeto, baseado na Lei nº. 9.610/98, a **cessão exclusiva, gratuita, e total dos direitos patrimoniais de TRADUÇÃO** da __ [nº da edição]ª Edição, __ [nº da reimpressão]ª reimpressão, em meio digital e físico, este último com a tiragem máxima de __ [nº de exemplares] de exemplares, nos idiomas português, espanhol e inglês [se necessário, digitar o texto: em todos os idiomas que a cedente entender necessário] da obra de cunho científico do(a) **CEDENTE** com o título de ___ [nome da obra].

1.2. Por este instrumento, fica acordado que o(a) **CEDENTE** coloca à disposição todos os direitos da tradução sobre a __ [nº da edição]ª Edição desta obra à **CESSIONÁRIA**, <u>em caráter definitivo</u>, somadas a estes as consequências que possam advir da reprodução, divulgação e outras formas de veiculação pública da obra cedida neste ato.

1.3. A Cessão dos Direitos Patrimoniais de tradução da Obra objeto deste contrato é válida nos países de domicílio das partes e em todos os países onde a OBRA for divulgada, editada, publicada, comunicada e comercializada.

2. DA RESPONSABILIDADE DO CEDENTE

2.1. O(A) **CEDENTE**, por meio deste instrumento, declara expressamente que o direito de tradução da OBRA, não possui qualquer proibição ou impedimento no sentido de publicação e divulgação, respondendo o CEDENTE integralmente sobre seu conteúdo, a qualquer tempo ou lugar, sendo ou não voluntário de instituição de pesquisa, ainda que venha a se desvincular dos estudos da ciência Conscienciologia.

2.2. O(A) **CEDENTE** nomeia e constitui a **CESSIONÁRIA** ou a Instituição Conscienciocêntrica que a suceder, como sua única procuradora para atuar em defesa dos direitos relacionados à OBRA cedida, salvo no que se referir às questões de conteúdo.

2.3. O(A) CEDENTE formalmente declara que o objeto da presente cessão, considerada científico e educacional, é realizado sem contraprestação financeira, configurando-se como trabalho voluntário, nos termos dispostos na Lei 9.608/98.

3. DA RESPONSABILIDADE DA CESSIONÁRIA

3.1. A **CESSIONÁRIA** responsabiliza-se pela contratação do registro e dos demais atos necessários para o reconhecimento do direito de propriedade sobre tradução da OBRA.

4. DA VIGÊNCIA

4.1. O presente contrato é válido para a publicação da ___ [nº da edição] ª Edição da OBRA traduzida, , nos idiomas português, espanhol e inglês [se necessário, digitar o texto: em todos os idiomas que a cedente entender necessário] e **VIGORARÁ EM CARÁTER DEFINITIVO.**

4.2. O presente ajuste é firmado em caráter irrevogável e irretratável, produzindo seus efeitos inclusive em relação a eventuais herdeiros e sucessores do(a) CEDENTE.

4.3. O(A) CEDENTE declara que, caso se esgote a ___ [nº da edição]ª Edição da obra traduzida, **desde já autoriza a CESSIONÁRIA a proceder a reimpressão da obra.**

4.4. Considera-se esgotada a edição física quando restarem em estoque número inferior a 10% (dez por cento) do total de exemplares desta edição, conforme dispõe o parágrafo segundo do artigo 63 da Lei 9.610/98.

5. DO FORO

5.1. As partes elegem o foro da cidade de Foz do Iguaçu - Paraná, para dirimirem quaisquer dúvidas provenientes da execução e cumprimento do presente contrato.

E por estarem assim acordadas e contratadas, as partes firmam o presente instrumento em duas (02) vias de igual teor e forma, na presença das testemunhas abaixo.

Foz do Iguaçu/PR, ______de __________ de ______

_______________________   _______________________
           Cedente   Representante da IC

_______________________   _______________________
         Testemunha   Testemunha

Fonte: *Sinescontábil*; disponível em: http://www.sinescontabil.com.br/modelos/ modelos/modelosdc/contrato_de_cessao_de_direitos_patrimoniais.htm; acesso em: 27.07.19, adaptado pela autora.

Anexo 9: Contrato de Cessão de Direito de Imagem e/ou Som

CONTRATO DE CESSÃO DE DIREITOS DE USO DE IMAGEM E/OU SOM

Pelo presente instrumento particular, de um lado, ________________ [nome completo do cedente], ______________________ [profissão], ____________ [nacionalidade], ____________ [estado civil], portador(a) da carteira de identidade nº______________________[órgão expedidor]______, inscrito(a) no CPF nº __________________, residente e domiciliado(a) na ______________________________ [endereço completo], doravante denominado(a) **CEDENTE** e, de outro lado, a ____________________[Instituição Conscienciocêntrica], estabelecida na ______________________________ [endereço completo], doravante denominada **CESSIONÁRIA**, neste ato têm entre si, de maneira justa e acordada, o presente **CONTRATO DE CESSÃO DE DIREITOS DE USO DE IMAGEM E/OU SOM**, mediante cláusulas e condições estabelecidas a seguir.

1. DO OBJETO

1.1 O presente instrumento tem como objeto, nos termos da Lei nº 9.610/98 e do art. 20 do Código Civil (Lei nº. 10.406/2002) a cessão exclusiva, <u>gratuita</u>, em caráter definitivo e irrevogável, dos direitos de uso de imagem do(a) **CEDENTE** para reprodução distribuição de qualquer natureza, em publicações de qualquer espécie, sejam elas impressas, eletrônicas, digitais, incluindo a publicação e distribuição em quaisquer veículos disponíveis na internet/web e/ou em composições de multimídia, em formatos atualmente existentes ou que venham a ser criados no futuro, bem como a alteração e modificação para qualquer outro gênero compatível com sua natureza, em meio digital, virtual e eletrônico, sem limite de quantidade, em qualquer idioma.

1.2 Por este instrumento, fica acordado que a **CESSIONÁRIA**, por livre escolha, poderá editar, reduzir, ampliar e adaptar a imagem do(a) **CEDENTE** para melhor adequação ao estilo e espaço em que for figurar.

1.3. A Cessão do Direito de uso da Imagem do(a) **CEDENTE**, objeto deste contrato, é válida nos países de domicílio das partes e em todos os países onde for divulgada, editada, publicada, comunicada, distribuída e comercializada a imagem cedida.

1.4. Para fins deste termo, o(a) **CEDENTE** entende como imagem, qualquer forma de representação, inclusive a <u>fotográfica</u>, bem como o processo audiovisual que resulta da fixação de imagens com ou sem som, que tenha finalidade de criar, por meio de sua reprodução, a impressão de movimento independentemente dos processos de sua captação, do suporte usado inicial ou posteriormente para fixá-lo, bem como dos meios utilizados para sua veiculação.

1.5. O(A) **CEDENTE** autoriza a **CESSIONÁRIA** a utilizar e divulgar a IMAGEM e/ou SOM no formato de mídia analógica ou digital, inclusive via internet, bem como a composição de qualquer produto ligado à imagem, tais como CD, DVD, "Blu-Ray", "homevideo", DAT, entre outros.

2. DA RESPONSABILIDADE DO(A) CEDENTE

2.1. O(A) **CEDENTE**, por meio deste instrumento, declara expressamente que o objeto de cessão no presente instrumento, bem como os direitos a ela vinculados, não possuem qualquer proibição ou impedimento no sentido de distribuição, publicação e divulgação.

2.2. Nenhuma das utilizações previstas na Cláusula 1.1, ou ainda qualquer outra que pretenda a **CESSIONÁRIA** dar às imagens cuja utilização foi autorizada através deste Termo, têm limitação de tempo ou de número de vezes, podendo ocorrer no Brasil e/ou no exterior, sem que seja devida ao(à) **CEDENTE** qualquer remuneração.

3. DA RESPONSABILIDADE DA CESSIONÁRIA

3.1. A **CESSIONÁRIA** compromete-se a contratar instituição especializada para a publicação, editoração, divulgação e distribuição e pela prática operacional de comercialização, através de quaisquer modalidades.

4. DA VIGÊNCIA

4.1. O presente ajuste é firmado em caráter irrevogável e irretratável, produzindo seus efeitos inclusive em relação a eventuais herdeiros e sucessores do(a) **CEDENTE**.

5. DO FORO

5.1. As partes elegem o foro da cidade de Foz do Iguaçu - Paraná, para dirimir quaisquer dúvidas provenientes da execução e cumprimento do presente contrato.

E, por estarem assim acordadas e contratadas, as partes firmam o presente instrumento em duas (02) vias de igual teor e forma, na presença das testemunhas abaixo.

Foz do Iguaçu/PR, ______ de __________ de ______

_______________________________   _______________________________
             Cedente   Representante da IC

_______________________________   _______________________________
           Testemunha   Testemunha

Fonte: *Normas legais;* disponível em: http://www.normaslegais.com.br/guia/clientes/ modeloconcessao-uso-imagem.htm; acesso em 27.07.19, adaptado pela autora.

ÍNDICE REMISSIVO

A

B

C

D

E

F

G

H

I

J

T

U

V

INSTITUIÇÕES CONSCIENCIOCÊNTRICAS (ICS)

ICs. As Instituições Conscienciocêntricas (ICs) são organizações cujos objetivos, metodologias de trabalho e modelos organizacionais estão fundamentados no *Paradigma Consciencial.* A atividade principal das ICs é apoiar a evolução das consciências através da *tarefa do esclarecimento* pautada pelas *verdades relativas de ponta,* encontradas nas pesquisas no campo da Ciência Conscienciologia e especialidades.

Voluntariado. Todas as Instituições Conscienciocêntricas são associações independentes, de caráter privado, sem fins de lucro e mantidas predominantemente pelo trabalho voluntário de professores, pesquisadores, administradores e profissionais de diversas áreas.

CCCI. O conjunto das Instituições Conscienciocêntricas e dos voluntários da Conscienciologia do planeta compõe a *Comunidade Conscienciológica Cosmoética Internacional* (CCCI) formada atualmente por 24 ICs, incluindo a *Associação Internacional Editares.*

AIEC – Associação Internacional para Expansão da Conscienciologia
Fundação: 22/04/2005
Sede: Av. Felipe Wandscheer, 6.200, sala 111, Cognópolis
Foz do Iguaçu, Paraná, Brasil, CEP: 85856-750
Tel.: +55 (45) 2102-1411
Site: www.worldaiec.org
Contato: aiec.comunicacao@gmail.com
Campus Discernimentum: Av. Felipe Wandscheer, 6.200, sala
201, Cognópolis, Foz do Iguaçu, Paraná, Brasil, CEP: 85856-750
Tel.: +55 (45) 2102-1400
Contato: contato@discernimentum.org

APEX – Associação Internacional da Programação Existencial
Fundação: 20/02/2007
Sede: Rua da Cosmoética, 1.635, Cognópolis, Caixa Postal 921, Centro, Foz
do Iguaçu, Paraná, Brasil, CEP: 85853-755
Tel.: +55 (45) 3525-2652 – Fax: +55 (45) 3525-5511
Site: www.apexinternacional.org
Contato: contato@apexinternacional.org

ARACÊ – Associação Internacional para Evolução da Consciência
Fundação: 14/04/2001
Campus **ARACÊ:** Rota do Conhecimento, Km 7, acesso pela BR-262, Km
87, Distrito de Aracê, Domingos Martins, Espírito Santo, Brasil
Endereço para correspondência: Caixa Postal 110, Pedra Azul, Domingos
Martins, Espírito Santo, Brasil, CEP: 29278-000
Tel.: +55 (27) 9739-2400
Site: www.arace.org
Contato: associacao@arace.org

ASSINVÉXIS – Associação Internacional de Inversão Existencial
Fundação: 22/07/2004
Campus **de Invexologia:** Av. Maria Bubiak, 1.100, Cognópolis, Foz do
Iguaçu, Paraná, Brasil, CEP: 85853-728
Tel.: +55 (45) 3525-0913
Site: www.assinvexis.org
Contato: contato@assinvexis.org

ASSIPI – Associação Internacional de Parapsiquismo Interassistencial
Fundação: 29/12/2011
Sede: Av. Felipe Wandscheer, 6.200, sala 212, Cognópolis, Foz do Iguaçu,
Paraná, Brasil, CEP: 85856-750
Tel.: +55 (11) 2102-1421 – VOIP: +55 (45) 4053-9818
Site: www.assipi.org
Contato: assipi@assipi.com

CEAEC – Associação Internacional do Centro de Altos Estudos da
Conscienciologia
Fundação: 15/07/1995
Sede: Rua da Cosmoética, 1.635, Cognópolis, Caixa Postal 921, Centro,
Foz do Iguaçu, Paraná, Brasil, CEP: 85853-755
Tel.: +55 (45) 3525-2652 – Fax:+55 (45) 3525-5511
Site: www.ceaec.org
Contato: ceaec@ceaec.org

COMUNICONS – Associação Internacional de Comunicação
Conscienciológica
Fundação: 24/07/2005
Sede: Av. Felipe Wandscheer, 6.200, sala 206, Cognópolis, Foz do Iguaçu,
Paraná, Brasil, CEP: 85856-750
Tel.: +55 (45) 2102-1460
Site: www.comunicons.org.br
Contato: comunicons@comunicons.org

CONSCIUS – Associação Internacional de
Conscienciometria Interassistencial
Fundação: 24/02/2006
Sede: Av. Felipe Wandscheer, 6.200, casa 352, Cognópolis, Foz do Iguaçu,
Paraná, Brasil, CEP: 85856-750
Tel.: +55 (45) 2102-1460
Site: www.conscius.org.br
Contato: conscius@conscius.org.br

CONSECUTIVUS - Associação Internacional de Pesquisas Seriexológicas
e Holobiográficas
Fundação: 14/12/2014
Sede: Av. Felipe Wandscheer, 6.200, casa 351, Cognópolis, Foz do Iguaçu,
Paraná, Brasil, CEP: 85856-750
Tel.: +55 (45) 99807-1320
Site: www.consecutivus.com.br
Contato: consecutivus@consecutivus.com.br

COSMOETHOS - Associação Internacional de Cosmoeticologia
Fundação: 03/10/2005
Sede: Av. Felipe Wandscheer, 6.200, sala 104, *Cosmoethicarium*, Cognópolis,
Foz do Iguaçu, Paraná, Brasil, CEP: 85856-750
Tel.: +55 (45) 9 9129-4122
Site: www.cosmoethos.org.br
Contato: contato@cosmoethos.org.br

ECTOLAB – Associação Internacional de Pesquisa Laboratorial
em Ectoplasmia e Paracirurgia
Fundação: 14/07/2013
Sede: Avenida Felipe Wandscheer, 6.200, sala 105, Cognópolis, Foz do
Iguaçu, PR, Brasil, CEP: 85856-750
Telefone: +55 (45) 2102-1427
Site: www.ectolab.org
Contato: ectolab@ectolab.org

EDITARES – Associação Internacional Editares
Fundação: 23/10/2004
Sede: Av. Felipe Wandscheer, 6.200, sala 107, Cognópolis, Foz do Iguaçu,
Paraná, Brasil, CEP: 85856-750
Tel.: +55 (45) 2102-1407
Site: www.editares.org.br
Contato: editares@editares.org

ENCYCLOSSAPIENS – Associação Internacional de
Enciclopediologia Conscienciológica
Fundação: 21/12/2013
Sede: Rua da Cosmoética, 1.635, Cognópolis, Foz do Iguaçu, Paraná, Brasil,
CEP: 85853-755
Tel.: +55 (45) 3525-2652 – Fax: +55 (45) 3525-5511
Site: www.encyclossapiens.org
Contato: contato@encyclossapiens.org

EVOLUCIN – Associação Internacional de Conscienciologia
para Infância
Fundação: 09/07/2006
Sede: Av. Felipe Wandscheer, 6.200, sala 102, Cognópolis, Foz do Iguaçu,
Paraná, Brasil, CEP: 85856-750
Tel.: +55 (45) 9909-6129
Site: www.evolucin.org
Contato: evolucin@gmail.com

IC TENEPES - Associação Internacional de Tenepessologia
Fundação: 11/06/2016
Sede: Av. Felipe Wandscheer, 6.200, sala 205, Cognópolis, Foz do Iguaçu,
Paraná, Brasil, CEP: 85856-750
Tel.: +55 (45) 9131-2855
Site: www.ictenepes.org

IIPC – Instituto Internacional de Projeciologia
e Conscienciologia
Fundação: 16/01/1988
Sede: Av. Felipe Wandscheer, 6.200, sala 103, Cognópolis, Foz do Iguaçu,
Paraná, Brasil, CEP: 85856-750
Site: www.iipc.org.br
Contato: iipc@iipc.org.br
***Campus* de Pesquisas IIPC:** Estrada do Universalismo, 1.177,
Sampaio Correa, Saquarema, Rio de Janeiro, Brasil
Tel.: +55 (22) 2654-1186
Contato: campussaquarema@iipc.org

INTERCAMPI – Associação Internacional dos *Campi* de
Pesquisas da Conscienciologia
Fundação: 23/07/2005
Sede: Av. Antonio Basílio, 3006, sala 602, Lagoa Nova
Natal, Rio Grande do Norte, Brasil, CEP: 59056 005
Tel.: +55 (84) 3211-3126
Site: www.intercampi.org
Contato: intercampi@intercampi.org

INTERPARES - Associação Internacional de Aportes Interassistenciais
Fundação: 15/05/2016
Sede: Rua da Cosmoética, 1.635, sala 11, Cognópolis, Foz do Iguaçu, Paraná,
Brasil, CEP: 85853-755
Tel.: +55 (45) 99124.7681
Site: www.interpares.org.br
Contato: interpares@interpares.org.br

JURISCONS - Associação Internacional de Paradireitologia
Fundação: 25/04/2015
Sede: Av. Felipe Wandscheer, 6.200, sala 350A, Cognópolis, Foz do Iguaçu,
Paraná, Brasil, CEP: 85856-750
Site: www.juriscons.org
Contato: juriscons@juriscons.org

OIC – Organização Internacional de Consciencioterapia
Fundação: 06/09/2003
Campus OIC: Av. Felipe Wandscheer, 5.935, Cognópolis, Foz do Iguaçu,
Paraná, Brasil, CEP: 85856-530
Tel.: +55 (45) 3025-1404 / 2102-1402
Site: www.oic.org.br
Contato: aco@oic.org.br

ORTHOCOGNITIVUS - Associação Internacional para Implantação
da Cognópolis em SC
Fundação: 18/05/2018
Sede: Av. Mal. Castelo Branco, 65, sala 1111, Torre II, Campinas, São José,
Santa Catarina, Brasil, CEP: 88101-020
Tel.: +55 (48) 99845-9331
Site: www.cognopolis-sc.org.br
Contato: contato@cognopolis-sc.org.br

REAPRENDENTIA – Associação Internacional de Parapedagogia
e Reeducação Consciencial
Fundação: 21/10/2007
Sede: Av. Felipe Wandscheer, 6.560, Cognópolis, Foz do Iguaçu, Paraná,
Brasil, CEP: 85856-750
Tel.: +55 (45) 3525-2652 – Fax: +55 (45) 3525-5511
Site: www.reaprendentia.org
Contato: contato@reaprendentia.org.br

UNICIN – União das Instituições Conscienciocêntricas
Internacionais
Fundação: 22/01/2005
Sede: Av. Felipe Wandscheer, 6.200, sala 105, Cognópolis, Foz do Iguaçu,
Paraná, Brasil, CEP: 85856-750
Tel.: +55 (45) 2102-1405
Site: www.unicin.org
Contato: unicin@unicin.org

UNIESCON – União Internacional de Escritores da
Conscienciologia
Fundação: 23/11/2008
Sede: Rua da Cosmoética, 1.635, Cognópolis, Foz do Iguaçu, Paraná, Brasil,
CEP: 85853-755
Tel.: +55 (45) 3525-2652 – Fax: +55 (45) 3525-5511
Site: www.uniescon.org
Contato: uniescon.ccci@gmail.com

TÍTULOS PUBLICADOS PELA EDITARES

Autor	Títulos em Português
Adriana Kauati	SÍNDROME DO IMPOSTOR
Adriana Lopes	SENSOS EVOLUTIVOS E CONTRASSENSOS REGRESSIVOS
Alessandra Nascimento / Felix Wong (Orgs)	CONSCIENCIOLOGIA É NOTÍCIA - PROJECIOLOGIA
Alexandre Nonato	JK E OS BASTIDORES DA CONSTRUÇÃO DE BRASÍLIA
Alexandre Nonato *et. al.*	ACOPLAMENTO ENERGÉTICO
Alexandre Nonato *et. al.*	INVERSÃO EXISTENCIAL
Alexandre Zaslavsky (editor)	INTERPARADIGMAS N. 1 - Princípio da Descrença INTERPARADIGMAS N. 2 - Parapercepciologia INTERPARADIGMAS N. 3 - Pesquisa da Autoconsciência INTERPARADIGMAS N. 4 - Diálogos Interparadigmáticos INTERPARADIGMAS N. 5 - Precursores Interparadigmáticos
Aline Niemeyer	MEGAPENSENES TRIVOCABULARES DA INTERASSISTENCIALIDADE
Aline Niemeyer / Lilian Zolet	TÉCNICAS BIOENERGÉTICAS PARA CRIANÇAS
Almir Justi, Amin Lascani e Dayane Rossa	COMPETÊNCIAS PARAPSÍQUICAS
Alzemiro Rufino de Matos	VIDA: OPORTUNIDADE DE APRENDER
Alzira Gesing	INTENÇÃO
Ana Luiza Resende / Eliana Esquiante / Guilherme Kunz / Lilian Zolet / Patrícia Pialarissi	MANUAL DO ECP2: EXTENSÃO EM CONSCIENCIOLOGIA E PROJECIOLOGIA 2
Ana Seno	COMUNICAÇÃO EVOLUTIVA
Anália Rosário Lopes / Myrian Sanchez / Rita Sawaya	DICIONÁRIO DE TECAS DA HOLOTECOLOGIA

Antonio Fontenele	DECISÕES EVOLUTIVAS
Antonio Pitaguari / Marina Thomaz	REDAÇÃO E ESTILÍSTICA CONSCIENCIOLÓGICA
Arlindo Alcadipani	ITINERÁRIO EVOLUTIVO DE UM RECICLANTE
Bárbara Ceotto	DIÁRIO DE AUTOCURA
Caio Polizel (Org.)	DIRETRIZES DA AUTOGESTÃO EXISTENCIAL
Cesar Cordioli	CALEPINO CONSCIENCIOLÓGICO - COLETÂNEA DE APONTAMENTOS PRÓ-EVOLUTIVOS
	CONSCIENCIOLOGIA: BREVE INTRODUÇÃO À CIÊNCIA DA CONSCIÊNCIA
Cesar Machado	ANTIVITIMIZAÇÃO
	PROATIVIDADE EVOLUTIVA
Cesar Machado / Stéfani Sabetzki	HUMANIZAÇÃO PARAPSÍQUICA NA UTI
Cirleine Couto	CONTRAPONTOS DO PARAPSIQUISMO
	INTELIGÊNCIA EVOLUTIVA COTIDIANA
Dalva Morem	SEMPRE É TEMPO
Dayane Rossa	OPORTUNIDADE DE VIVER
Débora Klippel	O PEQUENO PESQUISADOR: MULTIDIMENSIONALIDADE
Dulce Daou	AUTOCONSCIÊNCIA E MULTIDIMENSIONALIDADE
	VONTADE: CONSCIÊNCIA INTEIRA
Eduardo Martins	HIGIENE CONSCIENCIAL
Eliana Manfroi	ANTIDESPERDÍCIO CONSCIENCIAL
Fernando R. Sivelli / Marineide C. Gregório	AUTOEXPERIMENTOGRAFIA PROJECIOLÓGICA
Flavia Rogick	MUDAR OU MUDAR
	CONSCIENCIA CENTRADA NA ASSISTÊNCIA
Flavio Amado (Org.)	TEÁTICAS DA TENEPES
Flávio Buononato	ANUÁRIO DA CONSCIENCIOLOGIA 2012
	ANUÁRIO DA CONSCIENCIOLOGIA 2013
	ANUÁRIO DA CONSCIENCIOLOGIA 2014

Flávio Buononato	FATOS E PARAFATOS DA COGNÓPOLIS FOZ DO IGUAÇU
Flávio Monteiro / Pedro Marcelino	CONS - COMPREENDENDO NOSSA EVOLUÇÃO
Graça Rezera	HIPERATIVIDADE EFICAZ
Guilherme Kunz	MANUAL DO MATERPENSENE
Isabel Manfroi	O EMPREENDEDORISMO REURBANIZADOR DE HÉRCULES GALLÓ E WALDO VIEIRA
Jacqueline Nahas / Pedro Fernandes (Orgs.)	HOMO LEXICOGRAPHUS
Jayme Pereira	BÁRBARAH VAI À ESTRELA
	PRINCÍPIOS DO ESTADO MUNDIAL COSMOÉTICO
João Aurélio / Kátia Arakaki	COGNÓPOLIS FOZ: UM LUGAR PARA SE VIVER
João Paulo Costa / Dayane Rossa	MANUAL DA CONSCIN-COBAIA
João Ricardo Schneider	HISTÓRIA DO PARAPSIQUISMO
Jovilde Montagna	VIVÊNCIAS PARAPSÍQUICAS DE UMA PEDIATRA
Julieta Mendonça	MANUAL DO TEXTO DISSERTATIVO
Julio Almeida	QUALIFICAÇÃO AUTORAL
	QUALIFICAÇÕES DA COSNCIENCIA
Kátia Arakaki	ANTIBAGULHISMO ENERGÉTICO - MANUAL
	VIAGENS INTERNACIONAIS
Kátia Arakaki (Org.)	AUTOFIEX: TEÁTICA DO OFIEXISTA WALDO VIEIRA
Laura Sánchez	LASTANOSA: MEMÓRIA E HISTÓRIA DO INTELECTUAL E HOLOTECÁRIO DO SÉCULO XVII
Lilian Zolet	PARAPSIQUISMO NA INFÂNCIA
Lilian Zolet / Flávio Buononato	MANUAL DO *ACOPLAMENTARIUM*
Lilian Zolet / Guilherme Kunz	*ACOPLAMENTARIUM*: PRIMEIRA DÉCADA
Lourdes Pinheiro / Felipe Araújo	DICIONÁRIO DE VERBOS CONJUGADOS DA LÍNGUA PORTUGUESA
Luciana Lavôr (Org.)	I NOITE DE GALA MNEMÔNICA

Luciano Vicenzi	CORAGEM PARA EVOLUIR
Lucy Lufti	VOLTEI PARA CONTAR
Luiz Bonassi	PARADOXOS
Mabel Teles	PROFILAXIA DAS MANIPULAÇÕES CONSCIENCIAIS
	ZÉFIRO
Málu Balona	AUTOCURA ATRAVÉS DA RECONCILIAÇÃO
	SÍNDROME DO ESTRANGEIRO
Marcelo da Luz	ONDE A RELIGIÃO TERMINA?
Maria Helena Lagrota	MINHAS QUATRO ESTAÇÕES
Maria Thereza Lacerda	A PEDRA DO CAMINHO
Marilza de Andrade	PROJEÇÕES ASSISTENCIAIS
Marina Thomaz / Antônio Pitaguari (Orgs.)	TENEPES: ASSISTÊNCIA INTERDIMENSIONAL LÚCIDA
Marta Ramiro	MANUAL DA TÉCNICA DA RECÉXIS
Maximiliano Haymann	PRESCRIÇÕES PARA O AUTODESASSÉDIO
	SÍNDROME DO OSTRACISMO
Miriam Kunz	ANTROPOZOOCONVIVIOLOGIA
Moacir Gonçalves/ Rosemary Salles	DINÂMICAS PARAPSÍQUICAS
Osmar Ramos Filho	CRISTO ESPERA POR TI (Edição Comentada)
Paulo Mello	EVOLUTIVIDADE PLANEJADA
Phelipe Mansur	EMPREENDEDORISMO EVOLUTIVO
Reinalda Fritzen	CAMINHOS DE AUTOSSUPERAÇÃO
Ricardo Rezende	VOLUNTARIADO CONSCIENCIOLÓGICO INTERASSISTENCIAL
Roberto Leimig	VIDAS DE NATURALISTA
Rodrigo Medeiros	CLARIVIDÊNCIA
Rosa Nader	AUTODESREPRESSÃO
Rosa Nader (Org.)	MANUAL DE VERBETOGRAFIA
Roseli Oliveira	DICIONÁRIO DE EUFEMISMOS DA LÍNGUA PORTUGUESA
Rosemary Salles	CONSCIÊNCIA EM REVOLUÇÃO

Sandra Tornieri	MAPEAMENTO DA SINALÉTICA ENERGÉTICA PARAPSÍQUICA
Selma Prata	O CÉREBRO ENVELHECE E O PARACÉREBRO ENRIQUECE
Silda Dries	TEORIA E PRÁTICA DA EXPERIÊNCIA FORA DO CORPO
Tathiana Mota	CURSO INTERMISSIVO
Tatiana Lopes	DESENVOLVIMENTO DA PROJETABILIDADE LÚCIDA
Tony Musskopf	AUTENTICIDADE CONSCIENCIAL
Vera Hoffmann	SEM MEDO DA MORTE
Vera Tanuri	PERDÃO
Wagner Alegretti	RETROCOGNIÇÕES
Wagner Strachicini	CONSCIÊNCIA ANTIDOGMÁTICA
Waldo Vieira	500 VERBETÓGRAFOS DA ENCICLOPÉDIA DA CONSCIENCIOLOGIA
	700 EXPERIMENTOS DA CONSCIENCIOLOGIA
	DICIONÁRIO DE ARGUMENTOS DA CONSCIENCIOLOGIA
	DICIONÁRIO DE NEOLOGISMOS DA CONSCIENCIOLOGIA
	ENCICLOPÉDIA DA CONSCIENCIOLOGIA
	HOMO SAPIENS PACIFICUS
	HOMO SAPIENS REURBANISATUS
	LÉXICO DE ORTOPENSATAS
	MANUAL DA DUPLA EVOLUTIVA
	MANUAL DA PROÉXIS
	MANUAL DA TENEPES
	MANUAL DOS MEGAPENSENES TRIVOCABULARES
	NOSSA EVOLUÇÃO
	O QUE É A CONSCIENCIOLOGIA
	PROJECIOLOGIA
	PROJEÇÕES DA CONSCIÊNCIA

Autor	Títulos em Inglês
Alessandra Nascimento / Felix Wong	*CONSCIENTIOLOGY IS NEWS: PROJECTIOLOGY*
Débora Klippel	*THE LITTLE RESEARCHER: MULTIDIMENSIONALITY*
Eduardo Martins	*CONSCIENTIAL HYGIENE*
Eliane Wojslaw *et al.*	*THE ENGLISH-PORTUGUESE GLOSSARY OF ESSENTIAL CONSCIENTIOLOGY TERMS*
Eliana Manfroi	*CONSCIENTIAL ANTIWASTAGE*
Flávio Monteiro e Pedro Marcelino	*CONS - UNDERSTANDING OUR EVOLUTION*
Jayme Pereira	*BARBARAH VISITS A STAR*
Lilian Zolet	*PARAPSYCHISM IN CHILDHOOD*
Mabel Teles	*ZEPHYRUS*
Marcelo da Luz	*WHERE DOES RELIGION END?*
Waldo Vieira	*700 CONSCIENTIOLOGY EXPERIMENTS*
Waldo Vieira	*CONSCIENTIOGRAM*
Waldo Vieira	*OUR EVOLUTION*
Waldo Vieira	*PENTA MANUAL*
Waldo Vieira	*PROEXIS MANUAL*
Waldo Vieira	*PROJECTIOLOGY – A PANORAMA OF EXPERIENCES OF THE CONSCIOUSNESS OUTSIDE THE HUMAN BODY*
Waldo Vieira	*PROJECTIONS OF THE CONSCIOUSNESS*

Autor	Títulos em Espanhol
Alessandra Nascimento / Felix Wong	*CONCIENCIOLOGÍA ES NOTICIA: UNA DÉCADA DE ENTREVISTAS EN LA SUPER RADIO TUPI, TEMA - PROYECCIOLOGÍA*
Gloria Thiago	*VIVIENDO EN MULTIPLES DIMENSIONES*
Malu Balona	*SÍNDROME DEL EXTRANJERO*
Maximiliano Haymann	*SÍNDROME DEL OSTRACISMO*
Miguel Cirera	*EVOLUCIÓN DE LA INTELIGENCIA PARAPSÍQUICA*
Rosemary Salles	*CONCIENCIA EN REVOLUCIÓN*
Waldo Vieira	*CONSCIENCIOGRAMA*

Waldo Vieira	*NUESTRA EVOLUCIÓN*
Waldo Vieira	*MANUAL DE LA TENEPER*
Waldo Vieira	*MANUAL DE LA PROEXIS*
Waldo Vieira	*PROYECCIONES DE LA CONCIENCIA*

Autor	**Título em Alemão**
Jayme Pereira	*BARBARAH FLIEGT ZUM STERN*

Site da Editora: **www.editares.org.br**

LEVANTAMENTO ESTATÍSTICO DA OBRA

Pontoações	Item
144.686	Caracteres
22.467	Palavras
4.353	Linhas
1.588	Parágrafos
100	Exemplares
146	Índice remissivo
160	Páginas
88	Enumerações
40	Webgrafia
34	Verbetes
31	Siglas
29	Bibliografia
24	Instituições Conscienciocêntricas
12	Capítulos
11	Modelos de documentos
11	Leis
9	Anexos
4	Quadros
2	Normas
1	Decreto-lei
1	Instrução normativa
1	Resolução

EDITARES®

Made in the USA
Monee, IL
07 July 2026

56646390R10094